为父之道

影响彼此一生的父子关系

舒雅◎主编

贵州大学出版社
Guizhou University Press

·贵阳·

图书在版编目（CIP）数据

为父之道：影响彼此一生的父子关系 / 舒雅主编. —贵阳：贵州大学出版社, 2024.9. — ISBN 978-7-5691-0992-4

Ⅰ. G78

中国国家版本馆 CIP 数据核字第 2024R7M796 号

WEIFU ZHI DAO：YINGXIANG BICI YISHENG DE FUZI GUANXI

为父之道：影响彼此一生的父子关系

舒雅　主编

出 版 人	闵　军
责任编辑	葛静萍　胡霞　叶俐辰
装帧设计	玥婷设计
内文版式	玥婷设计

出版发行	贵州大学出版社有限责任公司
	地址：贵阳市花溪区贵州大学东校区出版大楼
	邮编：550025　电话：0851-88291180
印　　刷	三河市元兴印务有限公司
开　　本	710 毫米 ×1000 毫米　1/16
印　　张	11
字　　数	168 千字
版　　次	2024 年 11 月第 1 版
印　　次	2024 年 11 月第 1 次印刷
书　　号	ISBN 978-7-5691-0992-4
定　　价	59.00 元

如发现图书印装质量问题，请与印刷厂联系调换
电话：0851-85987328

前言

在孩子的成长过程中，父亲的角色举足轻重。那么，如何成为一名合格的父亲呢？这是一个值得所有父亲深入思考和不断探索的问题。

要成为一名合格的父亲，必须具备强烈的责任感。这不仅体现在为家庭提供经济支持上，更体现在对孩子的教育、陪伴和引导上。经济基础固然重要，但孩子心灵的滋养和人格的塑造同样不可或缺。在孩子需要的时候，父亲应挺身而出，为他们遮风挡雨，解决问题，让孩子感受到父亲是他们可以永远依靠的坚实后盾。

陪伴是成为合格父亲的重要基石。现代社会生活节奏快，工作压力大，但这绝不能成为父亲忽视孩子的理由。父亲抽出时间参与孩子的成长，与孩子一起玩耍、阅读、运动，分享他们的喜怒哀乐，这些看似平常的瞬间，却能在孩子的心中留下深深的痕迹。孩子的每一次家长会、每一场比赛、每一个重要的时刻，父亲都不应缺席，通过陪伴，建立起深厚的亲子关系，让孩子在充满爱的环境中茁壮成长。

教育孩子是一项长期而复杂的任务，合格的父亲需要有足够的耐心和智慧。当孩子犯错时，不是一味地责骂，而是耐心地倾听他们的想法，帮助他们分析问题，引导他们找到正确的解决方法。用鼓励代替批评，用引导代替强制，让孩子在宽松的氛围中认识到自己的错误，并主动改正。同时，要注重培养孩子的良好品德和价值观，如诚实、善良、勇敢、坚忍等。以身作则，用自己的言行去影响孩子，让他们明白什么是对，什么是错，什么是值得追求的。

沟通是搭建父子（女）关系的桥梁。合格的父亲要学会与孩子平等交流，尊重他们的想法和感受。放下作为父亲的架子，以朋友的身份与孩子相处，让他们能够毫无顾虑地表达自己的观点和愿望。认真倾听孩子的心声，给予积极

为父之道：影响彼此一生的父子关系

的回应和建议，让孩子感受到被理解和被尊重，让他的无论是生活中的琐事，还是内心的梦想，都能在与父亲的交流中得到关注和支持。

父亲还要注重培养孩子的独立性。过度的保护会让孩子失去锻炼的机会，让他无法适应社会的挑战。在适当的时候，要学会放手，让孩子自己去面对问题，解决问题。从学会穿衣、系鞋带这些小事开始，逐渐培养他们的自理能力和自主决策能力。当孩子遇到困难时，给予必要的指导和帮助，但不过多干涉，让他们在实践中积累经验，不断成长。

激发孩子的兴趣爱好也是父亲的重要职责之一。观察孩子的天赋和喜好，为他们提供相应的学习机会和资源。无论是绘画、音乐、体育还是科学，只要孩子感兴趣，就积极支持。兴趣是最好的老师，能够激发孩子的潜能，让他们在追求爱好的过程中找到快乐和自信。

此外，一名合格的父亲还要营造一个温馨和谐的家庭氛围。夫妻之间要相互尊重、相互支持，为孩子树立良好的榜样。处理好家庭中的各种关系，避免在孩子面前争吵和冲突。让孩子在充满爱和温暖的家庭中长大，培养他们积极乐观的人生态度和健康的心理。

在孩子的成长道路上，父亲的角色是多变的。有时是严厉的导师，有时是贴心的朋友，有时是勇敢的榜样。但无论角色如何变化，始终不变的是父亲对孩子深深的爱和关怀。成为一名合格的父亲没有固定的模式和标准，但只要用心去爱、用心去付出、用心去陪伴，不断地学习和成长，就能在孩子的心中留下不可磨灭的美好印记，引领他们走向美好的未来。

为了让更多的人成为合格的父亲，我们特意编写了这本《为父之道：影响彼此一生的父子关系》，它是对父亲角色的一次深刻反思。它不仅为父亲们提供了更好的指导，也为所有家庭成员提供了理解父亲角色的窗口。在这个充满挑战和机遇的时代，让我们一同思考如何成为一名合格的父亲，思考如何为家庭和社会贡献自己的力量。

愿这本书能够启发每一位父亲，让他们在成为更好的自己的同时，也成为孩子们心中的骄傲。

目 录

第1章 初为人父：认清父亲的重要性
01 你是个称职的父亲吗？ ... 3
02 责任感是作为父亲的第一要素 ... 7
03 父亲在子女教育中的优势 ... 10
04 我们种的是瓜，不是雷 ... 13
05 可怕的"缺乏父爱综合征" ... 15
06 父亲在家庭教育中的作用 ... 18

第2章 好父亲的标准：父亲＋教练
01 扮演好父亲的角色 ... 23
02 父亲要充当教练的角色 ... 26
03 教练的四项基本技能 ... 29
04 把孩子的教育安排在你的日程表上 ... 34
05 拟清单的六个注意事项 ... 37
06 父亲教育孩子的"五项修炼" ... 39
07 "五项修炼"的时间安排 ... 43
08 不要当"拳威"父亲 ... 46

第3章 陪伴孩子在玩耍中超越自我
01 爱玩是每个孩子的天性 ... 51
02 通过发现潜力来引导孩子产生兴趣 ... 56
03 再忙也要陪他冲锋陷阵 ... 59
04 作为教练的父亲要首先完成自我超越 ... 62
05 允许他去做一些没有多大意义的事情 ... 65
06 饲养宠物有利于培养责任感和爱心 ... 67
07 经常组织家庭户外活动 ... 70

第4章 培养孩子完善的心智模式
01 孩子的五大心智是什么 ... 75

02 心智模式对人的影响...79
03 五大标准判断孩子的心智是否成熟.................82
04 培养成熟心智还是培养高分机器?.................85
05 未来属于心智成熟者...87
06 积极回应孩子，多和孩子对话.............................89
07 教会孩子在挫折中完善心智.................................91
08 让孩子体验丰富的人际关系.................................94
09 赞美和鼓励生成积极的心态.................................96

第 5 章　帮助孩子形成理性思维

01 跟着爸爸爱上思考...101
02 培养孩子独立自主...104
03 引导孩子理性看待问题...107
04 多跟孩子讲道理...110
05 父子间来场辩论赛...112

第 6 章　引导孩子树立自己的目标

01 做引路人而不是代办者...117
02 别做好心办坏事的"短视规划".........................120
03 了解孩子真正的需求...124
04 引导孩子建立目标...127
05 长远目标的建立...130
06 短期目标的建立...133
07 目标越具体，孩子越容易实现...........................137
08 强化孩子的目标感...139

第 7 章　聪明的父亲这样助力孩子学习

01 学习力才是孩子发展的关键.................................145
02 对学习产生兴趣，才能乐学.................................148
03 打造孩子的信念力...152
04 "21 天法则"：学习习惯的养成.........................156
05 引导孩子科学上网...159
06 带孩子去体验街头智慧...163
07 培养孩子的艺术素养...166

第1章
初为人父：认清父亲的重要性

> 一个男人在家庭中，兼任着丈夫、儿子以及父亲三重角色。其中，"父亲"这个角色的功能越来越被弱化，因为大多数家庭在孩子的成长中，孩子的生活、教育都由妈妈"独揽大权"，而父亲大多充当"甩手掌柜"。其实，这样的角色分配是不利于孩子身心健康发展的。那么，父亲到底该担当什么样的角色呢？除了和母亲一起承担抚养责任，父亲还可以作为一扇窗户，让孩子了解这个他将要进入的社会。父亲是孩子从家庭走向社会的桥梁之一，不能将父亲的责任弱化，相反，应该把父亲这个角色当事业来经营。

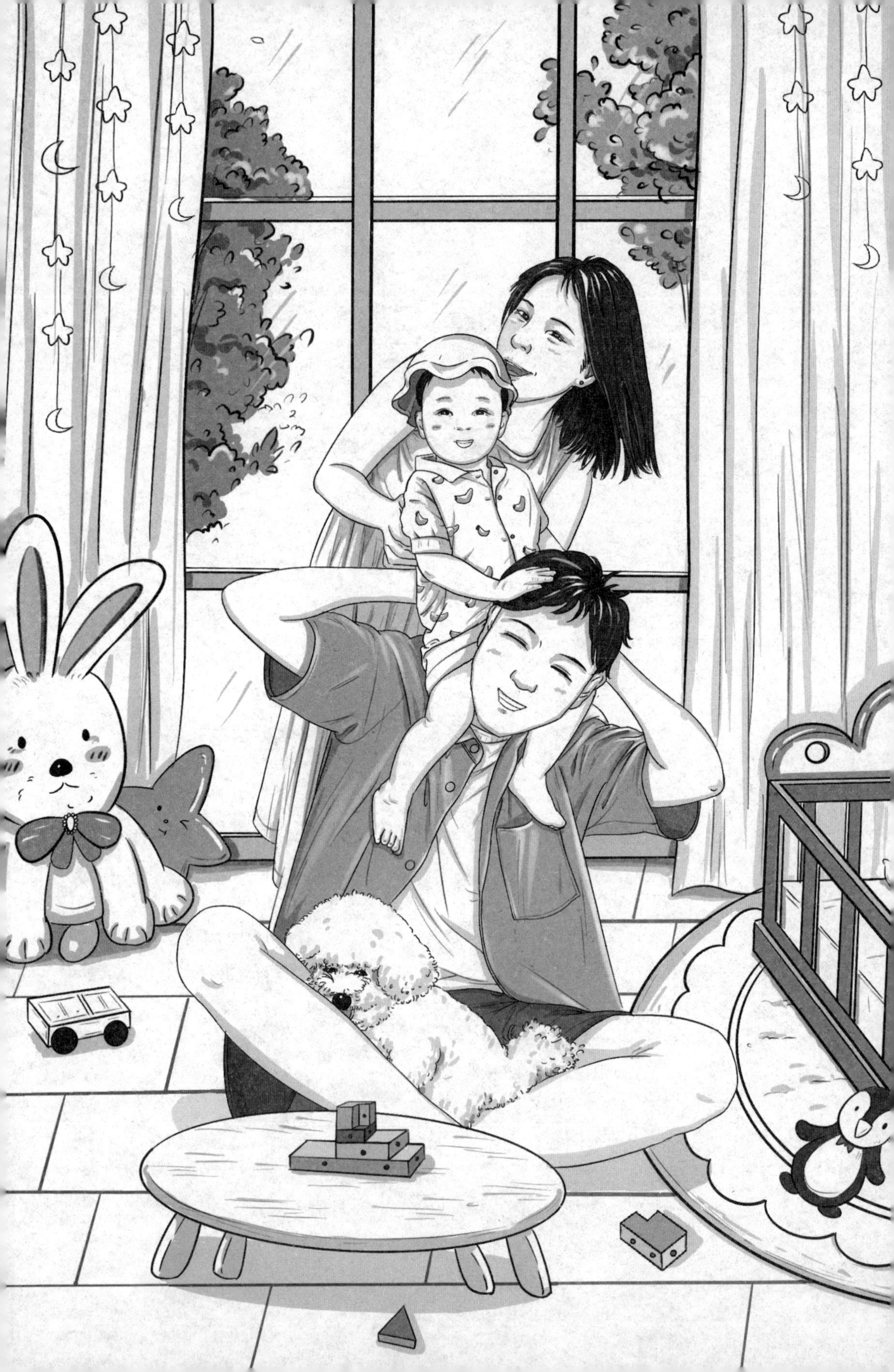

01 你是个称职的父亲吗?

> 你是否能当个称职的父亲,主要取决于你是否能给孩子他们所需要的父爱。孩子是个心智尚未完全成熟的个体,他需要父亲的引导,需要父亲的鼓励和启迪。

在孩子从孕育到出生的头几年,他们与母亲的联系会相对密切一些,母亲对孩子的一举一动和喜怒哀乐关怀备至,很多细小的事情也只有母亲才能注意到和想到。对于许多孩子来说,父亲可能就像一个天外来客,早出晚归,和孩子的沟通很少。就像我的孩子多多未满周岁时,我经常需要出差,一个月见不上多多几面,更不用说和他亲密接触,而这种不密切的联系常常让多多在与我相处时不知所措,我一抱他,他就开始哭闹,这样的状态一直持续到他一岁半左右。

我曾经为我们父子俩这样的状况而苦恼不已,但是有人安慰我:"孩子可能只是一时认生而已,等他长大了,自然会知道你是他的父亲。"话虽这样说,我心底仍然不安,甚至感到愧疚,在一个孩子成长的头几年,父爱的缺失可能会让他逐渐忽略父亲这个角色,慢慢地,他长大了,父亲突然频繁地出现在他眼前,这可能会让他再一次陷入面对新角色的恐慌。考虑到这一点,我去咨询了儿童教育专家,他建议我在学龄前尽量弥补这种父爱的缺失。于是,我在多多学走路和说话正需要人陪的阶段,经常牵着他的小手,协助他开始探索世界。

也许有人会产生疑惑:"你作为一个资产上亿公司的董事,怎么甘心回家做奶爸？"其实你愿不愿意亲自带孩子，并不取决于你在社会上是什么地位，而取决于你在家庭中是什么地位。在现代社会，许多家庭的父亲为了适应职场中的竞争，取得事业成功，把大量的时间和精力花在工作和各种职业培训中，经常无暇顾及孩子，因此教养孩子的重担往往交付给母亲或者家中的老人，甚至是保姆。另外还有人说："即使没有父亲，孩子也会成长。"我并不否认这句话，但是如果考虑到孩子的长远发展，父亲却是作为影响孩子健康成长的因素存在的。心理学家弗洛姆就说过："尽管父亲并不代表自然世界，他却代表着人性存在的另一极——思想的世界、人造物的世界、法律和秩序的世界、纪律的世界、旅行和冒险的世界。父亲角色对孩子一生的心理健康和成长有着非常重要的影响。"

古人云："父，矩也，家长率教者。"也就是说，在一个家庭中，男人首先是扮演一个家长的角色。父亲在孩子漫长的人生道路上所起的作用，就如足球场上的教练，他需要熟悉和洞察自己孩子的潜能和心理障碍，随时教育和引导孩子确立清晰的人生目标，帮助和启迪孩子应对人生道路上的挫折和磨难，然后使孩子到达成功的峰顶。因此，我们不难发现，生活中获得父爱和父亲经常陪伴的孩子，独立能力和运动能力都比缺少父爱的孩子强，而且，他们善于和外界交往，自信心强，智力发育快，品格发展健全，这样的孩子将来更容易在事业和生活上取得成功。

你是否能当个称职的父亲，主要取决于你是否能给孩子他们所需要的父爱。孩子是个心智尚未完全成熟的个体，他需要父亲的引导，需要父亲的鼓励启迪。如果你决心要成为孩子人生的启蒙者和引导者，那么在充满竞争和机遇的21世纪里，你最需要做的是引导孩子走适合他们自己兴趣和理想的人生道路，让孩子成为对社会有用、自身快乐，拥有幸福和成就感的人。可是培养孩子成为对社会有用和快乐的人，大多数人的做法是：积极发展智力和艺术才华。让孩子还没上小学，就斩获一堆的"智力证书"，然而，实际上孩子并未因为这些大人眼中所谓的荣誉开心过一秒钟。犹太儿童教育家拉什认为，不仅要重视儿童智力的开发，还要重视其非智力因素的培养，如：自信心、进取心、抗挫能力等。这些品德的培养，父亲起的作用很重要。你看奥地利作曲家莫扎特，英国博物学家达尔文，古希腊科学家阿基米德，意大利物理学家、天文学家伽利略，还有德国音乐家贝多芬、卡尔·威特等，他们的父亲对他们的成长都起到了重要的作用。父亲在培养孩子方面往往目标明确、态度坚决、要求严格。父亲如果能比较理智地挖掘自己孩子的兴趣和特长，理解和支持孩子的所作所为，就能更好地将自己的孩子培养成才。

扮演好称职和成功的父亲，理所当然会使孩子终身受益。《孔子家语·六本》中说："不知其子视其父。"一个称职和成功的父亲并不难做，但需要你花更多的心思在孩子教育的方方面面上，同时，你要注意以下几点：

（1）扮演好自己的角色，为家庭创造和睦协调的环境，家庭中人人有责。作为父亲，你要意识到自己的一言一行都会被孩子注意和模仿，孩子是自己的镜子。扮演好自己男人、丈夫和父亲的角色，可使自己的孩子在未来成年时获得"角色趋同"。比如热爱生活、努力工作、责任感强、有上进心、孝敬老人，以及和伴侣恩爱、关系和谐，对孩子关心和爱护，等等。

（2）平等、民主地对待孩子。这要求你在和孩子交往时保持一颗炽热的童心。孩子从出生开始，就是一个独立的人，作为父亲，要和孩子建立一种平等的类似朋友的关系，而非"我是父母，你要听我的"这样的父子关系。如果你坚持和孩子用这种方式交往，长期下来，孩子会更加信任你，乐意和你分享他的秘密和快乐，把他的苦恼和无助告诉你，寻求你的帮助。当孩子乐意和你沟通时，意味着你和孩子的亲子关系融洽，这有助于你了解孩子的成长和内心世界，对以后促他成才更有把握和对策。此外，孩子之所以可爱，是因为他有一颗童心，明朝文人李贽在《焚书·童心说》中说："夫童心者，纯假纯真，最初一念之本心也。"一个成人不能再变回孩子，保持一颗童心不是退回单纯幼稚的状态，而是要理解孩子是如何观察世界、理解世界和体验世界的。相信很多父亲忆起儿时的经历，诸如打弹子、掏鸟窝、逃学等时，都会发出会心一笑，但自己的孩子如若这样做的话，则会大光其火，竭力阻止。这些儿时的回忆能帮助父亲理解孩子的行为，纠正你对孩子的不公平态度，使你站在孩子的角度去理解和看待孩子。

（3）每天最少花1个小时和孩子游戏、交流，耐心听孩子说话。苏联教育家马卡连柯说："游戏对儿童的意义犹如事业、工业、公务之对成年人具有的意义一样。儿童在游戏中的表现是怎么样的，长大之后在工作中也大体会是怎样的。"既然游戏之于孩子意义重大，那么，花多少时间和孩子一块儿玩？如何与孩子一块儿玩？这对孩子未来成长也起至关重要的影响作用。事业上有成就的人，幼时贪玩的不乏其人。孩子的内心渴望的是玩，不准孩子玩是不明智的。高明的做法是引导孩子，从玩出发，在玩中学，让孩子逐步完成从玩到学的转变。许多父母认为孩子最喜欢玩具，其实，孩子真正喜欢的是父母每天能和他交流、认真倾听他脑子里的奇怪的想法。父母的关心、接纳和倾听，是让孩子敞开心胸的最直接的途径，因此，每天花一点时间和孩子在一起，收获绝不亚于一场高级会议的谈判结果。

（4）要有效地鼓励孩子树立自信心，帮助孩子保持积极的心态。即使批评、惩罚孩子也要对事不对人，以不伤害孩子的自尊和人格为前提。自信心是自我意识的一种表现，随着孩子自我意识的发展，他会表现出不同程度的自信心，自信心强的孩子喜欢在公众场合表现自己，不怕困难，好与人竞争，爱使用"我知道""我要"之类的语言。

02 责任感是作为父亲的第一要素

> 责任感是我们常常能听到的一个词语，但责任感的具体定义是什么？责任感从本质上讲是一种既要利己，又要利他人、利事业、利国家、利社会的个体主观意识。而一个男人的责任感简单来说就是做好分内的事情，亦即，作为丈夫和父亲，他要爱护妻儿；作为公民，他要建设国家、保卫国家……

人只有有了责任感，才能具有驱动自己一生都勇往直前的不竭动力，才能感到许许多多有意义的事需要自己去做，才能感受到自我存在的价值和意义，才能真正获得人们的信赖和尊重。

五代有个叫窦燕山的人，他家家道昌盛，但他最初为人心术不正，专用大斗进，小称卖，费尽心机坑蒙拐骗，以势压人。平民百姓痛恨他为富不仁的行为，却没有力量主持公道。这种昧良心、灭天理的行为激怒了上天，窦燕山30岁了还膝下无子。有一天晚上，他去世的父亲在梦里教育了他一番。醒来，窦燕山决定重新做人。从此以后，他乐善好施，扶贫救弱，克己礼人，上天发现了他的功德，决定赐予他5个儿子，窦燕山重道义、德行好，且教子有方，最终，他的5个儿子个个金榜题名。

这就是成语"五子登科"的故事。虽说这个故事是虚构的，但是我们可以从侧面看到一个男人担起社会的责任以后，能够更深切地感受到自己存在的价值和意义。作为一个父亲，窦燕山将这种责任感融入家庭教育中，成功培育出5个优秀的儿子。

也许当你还是一个毛头小伙的时候，并不能真正感受到自己对于一个家庭、一个孩子的责任。我常常在博客上看到一些年轻女孩指责男朋友或者丈夫没有责任感，她们声称："没有责任感的男人，根本不配当父亲。"这个结论有些偏颇，但是何尝没有道理。试想，一个没有责任感的男人，连自己的定位可能都没有找好，怎么可能再承担一个与自己有关的生命呢？

我虽然当了父亲好多年，但是回想起来，也经历了一番成长。当初，我的生活状态是自由自在的，妻子也是一个独立性很强的女人，我们浪漫的二人世界曾经在朋友圈内被传为佳话。但多多的到来，犹如给我当头棒喝：伺候妻子坐月子，连日加班不能回家，回到家听到孩子吵闹就心烦，保姆接二连三地换，多多41度高烧……这些像灾难一样的事情出现在我面前的时候，领导着一个大集团的我竟然手足无措，甚至有一个很强烈的逃跑的念头：不要孩子了。但我毕竟是一个很理智的人，作为一个家的顶梁柱，我身上肩负着照顾妻儿的责任，我要运用我的理智和能力，一一解决所有问题。是对家的责任感将我拉回了父亲和丈夫的岗位。

父母养育孩子，除了有来自家庭的压力以外，还有来自社会的压力。曾有人研究父母之道，提出需要搞清"三个重要性"：一是子女成长对于家庭、社会和国家的重要性；二是父母的正确"履职"对于子女成长的重要性；三是父母之道对于父母正确"履职"的重要性。现在，我们从父亲的责任出发，具体来谈谈第二点：父母的正确"履职"对于子女成长的重要性。在这里，我们作为父亲，正确"履职"也是基于一位父亲要做好分内事的基础上的。

我们先来听一段让人振聋发聩的声音吧：

"由于整个家教出了问题，父母的不合格导致了其后出生人口的整个不合格，导致整个人的不合格，这才是当代中国最可怕的事情，这才是当代中国最为致命的问题。伪劣产品、治安恶化、道德滑坡、环境污染、生态危机等归根结底还是人的不合格。一个不良的习惯让随手扔出的烟头烧掉了大兴安岭的一片森林，一个到城市找工作的知识青年杀害了一个帮助过自己的著名作家（戴厚英），一个经过层层筛选政审的武警战士砍死了一个自己保卫的国家副委员长……

"铁门铁窗铁阳台，我们并不感到安全。一个国家如果科技文化不发达，那一定是他们的学校教育出了问题；如果社会风气不良好，则一定是他们的家庭教育出了问题！面对今日中国的诸多问题，我们必须来一场全民族的家教大反思，如果没有这种反思，我们民族就不可能有真正的腾飞！"

这是年轻的教育家、社会心理学家王东华先生在《发现母亲》一书中发出的呼喊。而在中国教育史上，鲁迅先生也早在1918年的《随感录二十五》一文中，第一次提出了"父范学堂"的主张，其理论支点就是以"儿童家庭教育与改造中国社会有密切联系"这个深刻认识。他说"将来是子孙的时代"，"看十来岁的孩子，便可以逆料二十年后中国的情形；看二十多岁的青年，——他们大抵有了孩子，尊为爹爹了，——便可以推测他儿子、孙子，晓得五十年后七十年后中国的情形"。他还非常尖刻地批评那种"只要生，不管他好不好；只要多，不管他才不才"和"讲恋爱、讲小家庭、讲自立、讲享乐"的家长。他呼吁所有做父母的都要成为造就"新人"的父母，担当起国家、民族赋予每个家长的神圣使命，不做那种只会生不会教育的人。

然而，许多人总是把生孩子和培养教育孩子看成家庭私事，这是非常片面的观点，要知道，教育孩子是一等一的国家大事，因为孩子是祖国的将来，他们的素质可以直接决定将来祖国是否繁荣昌盛。总而言之：为人父母者必须具有强烈的社会责任感和义务感，把育儿成才真正当成社会赋予家长的一项光荣的历史责任，这也是我对多多实行家庭教育的真正原因。

03 父亲在子女教育中的优势

> 作为一个父亲，他的一言一行都能直接投射到孩子的身上，对孩子产生直接影响：在游戏中，父亲的方式和母亲可能就不一样，他的游戏方式可能会显得有些粗暴或者看起来有些危险，但是孩子却非常喜欢父亲跟他玩游戏的方式。

父亲的思维方式与母亲不一样，他们在跟孩子玩游戏的时候会玩出一些比较特别的花样；同时，他们较少限制孩子，会给予孩子更多自主的权利，这些都能促进孩子智力的发展。

在遇到挫折的时候，父亲通常会冷静处理，不会大惊小怪。父亲的这种行为方式会带给孩子一种安全感，让他觉得只要父亲在，那就什么困难都可以克服。父亲是孩子心目中无所不能的英雄。

父亲对孩子形成正确的性别意识、性别定位有着非常大的影响。父亲是男孩的榜样，男孩会以父亲为楷模，学习怎样做个男子汉，以及怎样和女性相处。父亲对女孩通常会比较包容宠爱，这种行为方式会让女孩子将来变得更加自尊自信，同时也帮助女孩学习了怎样与男性相处。因此，父亲的角色对孩子将来的婚姻生活会产生非常深刻的影响。

父亲的行为会影响到家庭其他成员，家庭其他成员在应对父亲行为时的方式同样会对孩子产生间接的影响。比如，如果夫妻关系融洽，母亲的情绪就会比较好，母亲的快乐感、幸福感就会传递给孩子，对他产生积极的影响。相反，如果夫妻关系紧张，或者父亲缺乏责任感等，都会导致母亲出现焦虑、烦躁、忧郁、愤怒等各种情绪。即便孩子很小，他也能很准确地感知母亲的这种情绪变化，也会随之变得焦虑、烦躁、忧郁、愤怒，进而产生心理压力，导致一些心因性的疾病，比如经常腹痛、头痛、上呼吸道感染等。

父亲的言传身教，除了利于涵养孩子的气度，完善其性格和思维方式外，在孩子的学习上也存在极大的优势。美国耶鲁大学的科学家最近做的一项研究成果表明：由男性带大的孩子智商高，他们在学校里的成绩往往更好，将来走向社会也更容易成功。这项调查是他们持续了12年，对从婴儿到十几岁各个年龄段的孩子进行跟踪调查所得出的结果。

我们并不否认女性教育的重要性，母亲以女性的感情细腻、做事认真仔细、性格温柔去影响孩子，通过讲故事、教唱歌、玩玩具等给孩子很多的关怀与呵护，这是功不可没的。然而，你知道吗？孩子缺乏父亲的教育往往会表现出多愁善感、性格懦弱、胆小怕事以及性格孤僻、自卑等缺点。在教育方面，男人往往是坚韧、大胆、果断、自信、豪爽的，这些特点往往和女性教育形成互补，这就显示出了男性教育所不能替代的作用。

从教育的方式上看，男性教育往往具有以下一些优点。

（1）男性倾向于自立，因此教育孩子也要自立。他们不会对孩子包办代替，而是鼓励孩子自己独立地去处理问题，因此对孩子溺爱的成分就少很多。如果一个孩子摔倒，孩子原本没有哭，可是其他人却赶紧跑过去把孩子扶起来，又是拍土，又是揉，硬是把孩子的眼泪揉出来了。而当父亲的往往不是这样，他们会说："没关系，站起来，往前走，我相信这次一定会走好。"孩子并没有哭，而是站起来就往前走，父亲在后面拍手说"真勇敢！真勇敢！"，这就给了孩子极大的自信心。

（2）男性往往喜欢冒险，因此他们对孩子的冒险行为也会适当给予鼓励。如果孩子从高台阶上往下跳，当母亲的往往会严厉地批评。可是父亲就不是这样，他们往往会伸出大拇指对孩子说真棒！

（3）大多数男性都热爱运动，他们喜欢带孩子去跑步、游泳、攀岩、打球，这无形中就锻炼了孩子的身体素质和意志力。

（4）男性的动手能力比较强，他们让孩子劳动不只是让孩子去扫地、擦桌子等，而往往是和孩子一起用锤子、刀子等工具去修理东西，制作玩具，这无形中就培养了孩子的动手能力和创造能力。

（5）男性的探索精神比较强，他们和孩子在一起往往会进行一些探索性的活动。如果孩子把玩具拆开，当母亲的可能会臭骂他们一顿。而当父亲的往往置之不理，甚至会和孩子一起去拆玩具，满足孩子的好奇心，然后再教孩子把玩具装好。当父亲的往往对新事物比较感兴趣，因此也会激发孩子对新事物的兴趣。孩子一般都爱和父亲一起玩游戏机、玩电脑等，这些对培养孩子的探索精神都是很有帮助的。

（6）男性一般比较爱下棋，他们和孩子在一起下跳棋、下军棋、下象棋、下围棋，这对培养孩子的逻辑思维能力是很有好处的。

（7）相对女性而言，男性比较喜欢烈性刺激，如困难、饥饿、劳累等，他们往往认为这些是人生必有的经历，因此认为孩子碰到这些困难没有什么了不起的，应该让他们自己去克服。这些烈性刺激对孩子的教育是十分有利的，是挫折教育的一部分。

日常生活小事上，孩子往往依赖于母亲，但是在生活的关键时期、重大问题上，孩子往往依赖于父亲。母亲与孩子的谈话往往是细致的，而父亲与孩子谈话往往具有哲理性。在孩子的心目中，母亲是水，父亲是山，山水相依，缺一不可。在孩子成长中，父母都应该负起自己的责任，做到阴阳平衡，尽量满足孩子正常的心理需求，防止他罹患"缺乏父爱综合征"。

04 我们种的是瓜，不是雷

> 都说父爱如山，然而，在现代社会越来越多的个案中，我们分明看到了父亲这一角色的责任缺位。

一名母亲因为 11 岁女儿不听话而将其杀死，并制造自杀假象……

跟随父母来广州打工的 15 岁少年涛涛，因为向母亲讨要上网费不得，弑母伤父……

某"富二代"泯灭人性，激情杀人……

这样的家庭悲剧、社会悲剧牵扯到多少人？为什么在孩子的成长时期，我们种的瓜却变成了雷？

虽然这些案件表面看起来都与父亲无直接关联，然而，反观每个家庭悲剧的背后，实际上都潜藏着父亲这一家庭角色的缺位问题。父爱的缺失，父亲角色的隐退，引发越来越多的家庭危机，甚至导致了社会伦理的部分崩溃。

《三字经》有云："窦燕山，有义方，教五子，名俱扬。"是说五代时候一个成功的父亲窦燕山，将 5 个儿子都培养成材。然而，在窦燕山成为父亲之前，他却是个奸猾的商人，是父亲这一社会角色让他改过，成了好人。窦氏的"五子登科"佳话自然有其独特的社会背景，在父权为重的时代，父亲可以"设计"孩子的一切，包括未来。

其实，鲁迅在《我们现在怎样做父亲》一文中早就为现代意义的父亲进行了定位，他说，中国旧理想的家族关系、父子关系早已崩溃，觉醒的父母，完全应该"自己背着因袭的重担,肩住了黑暗的闸门,放他们到宽阔光明的地方去"。而前段时间,李文道先生所著的《拯救男孩》一书,也深入探讨了父亲在家庭教育中的作用,认为"健全的人格、尽力的教育、完全的解放"是现代父亲的职责。

在教子过程中,母亲往往更有耐心和责任感,但是家庭教育不能只靠"半边天"。现代心理学研究发现,孩子的成长,特别是一些优秀的心理品质,如坚持、责任、勇气等,往往是在父亲的鼓励和积极参与下培养起来的!由于在教育中父亲已经主动或者被动地被"边缘化"了,于是母亲只有扮演多重教育角色,除去自然的母亲(爱与关怀、无条件的积极关注)外,还要在孩子面前树立权威,有些母亲还在家庭教育中扮演了老师的角色,一个人多种角色,让母亲无法清晰地定位自己,同时让孩子无所适从,不知道从母亲那里能得到的性格影响是不是符合自己将来所需的。对男孩子来说,教育中缺乏男性的坚毅、刚强、勇敢等性格影响,就会让孩子在性别角色化的关键期失去榜样,甚至可能造成一些男孩子性格的女性化,严重者会人格分裂,产生严重的心理危机,这就是因父亲角色的缺失和减弱而种下的一颗雷,它时刻隐藏在孩子的心里。

而最好的排雷方法则是让父亲回归家庭,母亲作细雨,父亲作阳光,共同灌溉孩子这棵幼苗,那么将来结出的一定是甜瓜。

05 可怕的"缺乏父爱综合征"

> 长期缺乏父爱，孩子就可能患上"缺乏父爱综合征"，这给孩子现在和将来的生活带来诸多的困扰，甚至会影响孩子一生的正常发展。

有一次，我去幼儿园接多多，看到他正和班上的同学小 M 玩耍。粗一看，小 M 长得虎头虎脑，一副小男子汉的模样；但细一观，居然一点男子气都没有——说话细声细气，像个小女孩似的。我上前和他说话，他就躲在她妈妈的背后。玩滑滑梯的时候，多多都是快速地爬上去，快速地溜下来，玩得热火朝天。但小 M 却胆怯地站在一边，等了一拨又一拨，一次都轮不上。好不容易等到旁边没人滑了，他刚要小心翼翼往下蹲，旁边又钻过来一个小妹妹，一下子先滑了下去，他则赶紧缩到一旁，继续等待。无论小 M 妈妈在一旁怎么鼓励，他总是探出左脚，缩回来，再探出右脚，再缩回来，如此三番五次，却始终没敢把那关键的一步迈出去。

过后，多多和我说，小 M 喜欢哭，喜欢和女孩子玩，上课从来不敢主动举手，别的小朋友玩的游戏，他都不敢玩……

从在幼儿园玩滑滑梯这件小事就可以看出来，小 M 性格中缺少那种"冲劲"。可是像小 M 这样一个虎头虎脑的小男孩为什么连一点该有的冲劲都没有呢？了解到小 M 生活的家庭环境，我们很快就会发现问题。原来，小 M 的母亲是个全职母亲，他的一切都是母亲在打点。因为一个人带孩子比较辛苦，他妈妈担心他弄脏衣服，弄脏鞋子，给自己带来更多繁杂的家务，所以，每次外出玩耍，都会给他很多的限制。那些摸爬滚打的游戏，小 M 几乎从来就没有玩过。小 M 的爸爸上班很辛苦，因为主要负责挣钱养家，所以回到家不是睡觉就是看电视，家务活更是从来不涉足，也难得逗他玩一会儿。虽然爸爸在家，但小 M 也从来不找爸爸，对他来说，爸爸跟邻居家叔叔没有太多的区别，都不过是偶尔逗自己玩一下而已。

因为小 M 爸爸几乎不参与教育孩子，妈妈又给了他太多的限制，所以他缺乏一个男性的典范供他模仿，也缺乏释放小男孩天性的环境，便逐渐变得越来越胆小，越来越缺乏男子汉气概。

"缺乏父爱综合征"（如表 1 所示）是由于父爱缺失，也即因父母离异、父亲长年不在家或者虽然在家，但是极少关注宝贝，致使孩子缺乏父爱而产生的一种分离性焦虑，这种分离性焦虑的表现多种多样，轻度的表现为胆小、焦虑等情绪性症状，严重的甚至会导致自主神经功能紊乱，表现出心悸、头晕，甚至昏厥等生理性症状。

表 1 "缺乏父爱综合征"的表现

婴儿期	幼儿期	青少年期
烦躁不安、夜哭，睡眠质量不好，食欲减退	经常情绪烦躁、做事缺乏耐心、好冲动。	感情比较冷漠，显得比较自私自利。
胆小、依赖、容易情绪沮丧	比别的宝贝更容易哭闹。	出现逃学、偷盗、早恋，甚至暴力行为的概率加大。
	不喜欢交际，上幼儿园和上学后经常游离在集体之外，显得过于内向，缺乏自信。	性格忧郁、自卑、孤独，甚至年长后得精神类疾病的概率加大。

婴儿期	幼儿期	青少年期
		性别意识和性别定位出现问题，影响孩子未来的生活。比如，男孩女性化，女孩在未来的婚姻生活中错把配偶当成父亲一样依恋等。

长期缺乏父爱，孩子就可能患上"缺乏父爱综合征"，这给孩子现在和将来的生活带来诸多的困扰，甚至会影响他一生的正常发展。美、英、德等国的一些研究发现，缺乏父爱的孩子年龄愈小，罹患综合征的危险愈大，并且对男孩来说风险更大。有统计数据表明，生长在缺乏父爱的家庭，男孩罹患综合征的危险是女孩的1—3倍。尤其令人深省的是，在那些双亲均在但父爱缺乏的家庭中长大的宝贝患"缺乏父爱综合征"的可能性更大。

美国婚姻问题专家道格拉斯所作的统计还显示：小时候患"缺乏父爱综合征"的宝贝与那些享受到充分父爱的宝贝比较，前者中学辍学率及成年后犯罪率均高出后者2倍；如果是女孩，长大后前者成为单身母亲的概率则高出后者3倍……

在孩子性别角色的发展中，父亲的作用更大些。父亲积极与孩子交往，有助于孩子对男性、女性的角色有积极、适当、灵活的理解；如果6岁前父亲不参与养育过程，男孩的男性特征和女孩的女性特征都会削弱。建议在孩子0-6岁的时期，父亲母亲都尽量陪在孩子身边，这样对孩子身心健康的发展非常有好处。

其实，父亲和孩子的交往有着相当重要的且不可替代的作用。不论是哪种性别，现代社会都要求人们具有两方面的特征：不仅要具有某些女性特征，即会关心人、体贴人，有良好的同情心、善意；同时也要具有某些男性特征，即独立、自主、坚强、果断、自信、与人合作、进取等。父亲对孩子"男性特征"性格的形成，具有极大的促进作用。

06 父亲在家庭教育中的作用

> 父亲的影响力的大小主要取决于3个因素：形象、人格和父爱。这3个方面足以影响一个孩子的一生。

父亲与子女之间的关系是孩子最初接触到的一种人际关系；父亲的所有行为对子女的思想和行为方式会产生持续而深远的影响。精神分析学家认为，对于儿童青少年的成长，母亲的作用在婴幼儿期特别重要，而父亲的作用在儿童期以后特别重要。

在一个家庭中，父亲发挥教育作用的第一要素是父亲形象的确立。父亲形象确立了，孩子才有榜样，才会在各方面健康发展。其主要表现在以下几个方面。

（1）父亲有很强的独立能力和自信心。他通常以完全不同于母亲的教育方式来对待孩子。例如，他们和孩子像朋友般一起嬉戏，一起尽情玩耍，甚至翻滚钻爬，所以他们常常是孩子最欢迎的游戏伙伴。孩子在与父亲玩游戏时，可以学会避险和解决体能问题，并能强化对外界的控制感，增强自信心。

（2）社交能力和适应性。父亲和孩子在一起，孩子在人际关系中更有安全感和自尊心，容易和他人友好相处，能对人真诚相待。一般来说，这些孩子的社交能力较强，容易适应新环境。

（3）孩子很多生活技能都从家庭中习得，父亲通常在家庭中承担着更多处理各种技术含量较高的事情的责任，比如修理、摆弄各种电器，在户外搭建帐篷等。父亲的行为潜移默化地影响孩子，能让孩子学到更多的生活技能。

（4）心智发展和竞争性。孩子在家里与父亲相处的机会越多、时间越长，智力也就越发达。这是一种"效仿行为"。如果孩子希望像父亲，就会效仿父亲的行为、思考方式、使用的语汇和追求的目标。对孩子来说，如果父亲鼓励孩子参与体育锻炼及有竞争性的活动，孩子就可能取得较多的成就。

（5）性别角色和健康性。父亲参与对孩子的教育还为孩子的性别角色行为带来十分重要的影响。父亲是男孩的典范，如果在一个家庭里缺少父亲，男孩就没有了模仿的榜样，这往往会使男孩缺乏男子气概，对同伴的依赖性增强，处事果断性变差。对于女孩来说，父亲可以教给女孩逻辑性的思考方式，以及男性与女性有何不同的知识。

父亲的人格影响，这是父亲影响力的第二要素。

父亲的人格表现与母亲不同。父亲的人格优点是心胸开阔，实践范围相对母亲要广泛一些，在一些重大问题上比较理智，看得长远。而且成熟的父亲应变能力也较强。所以父亲在家庭中的人格影响主要有两个，一是建立良好的家风，二是做好家庭关系的导演。父亲不必像母亲那样事事关心，但是关键时候必须能够缓解家庭矛盾，减少冲突。

子承父业多是孩子童年时期崇拜父亲，不断跟父亲学习的结果，孩子成为和父亲一样出色的人，不但在技术上，而且在人格上，孩子所受的影响也是很深刻的。由此我们看到，父亲的角色对孩子实现人生的目标是具有重大影响的——确立和父亲一样的目标，像父亲一样坚持奋斗，达到和父亲一样的成就。

父爱的情感效应，这是父亲影响力的第三要素。

在人类丰富而复杂的感情世界中，父爱是一个非常重要的因素，同母爱一样，父爱也是一种伟大而崇高的感情。幼儿心理学家格塞尔曾指出："失去父爱是人类感情发展的一种缺陷和不平衡。"因此，人们认为没有父爱的家庭会严重影响孩子的身心健康，造成孩子性格心理的缺陷。

心理学的传感效应表明：父亲的所作所为往往是孩子效仿的对象，有时候，父亲身上的许多优良品质和特有精神气质以及一些不良习惯都会在孩子

为父之道：影响彼此一生的父子关系

身上显现出来。所以，一个优秀的父亲所担负的责任，不单纯是担负起家庭生活的重担，起到家中精神支柱的作用，更为重要的是，他要协调家庭关系、关心培养孩子、热情教育孩子，使孩子深深感受到父爱之神圣、父爱之伟大和父爱之温暖，认识到只有在有父爱的家庭中，才会真正感受到生活之完善、情感之平衡。

第 2 章

好父亲的标准：父亲 + 教练

> 合格的父亲，应该是"父亲"与"教练"的合体。在对孩子的教育过程中也一样，要把父亲的关爱心态和教练循循善诱的方法淋漓尽致地体现出来。要及时地对孩子的行为表示赞赏，让孩子感受到快乐；也要及时纠正孩子的错误，慢慢地，孩子就会养成好的习惯。

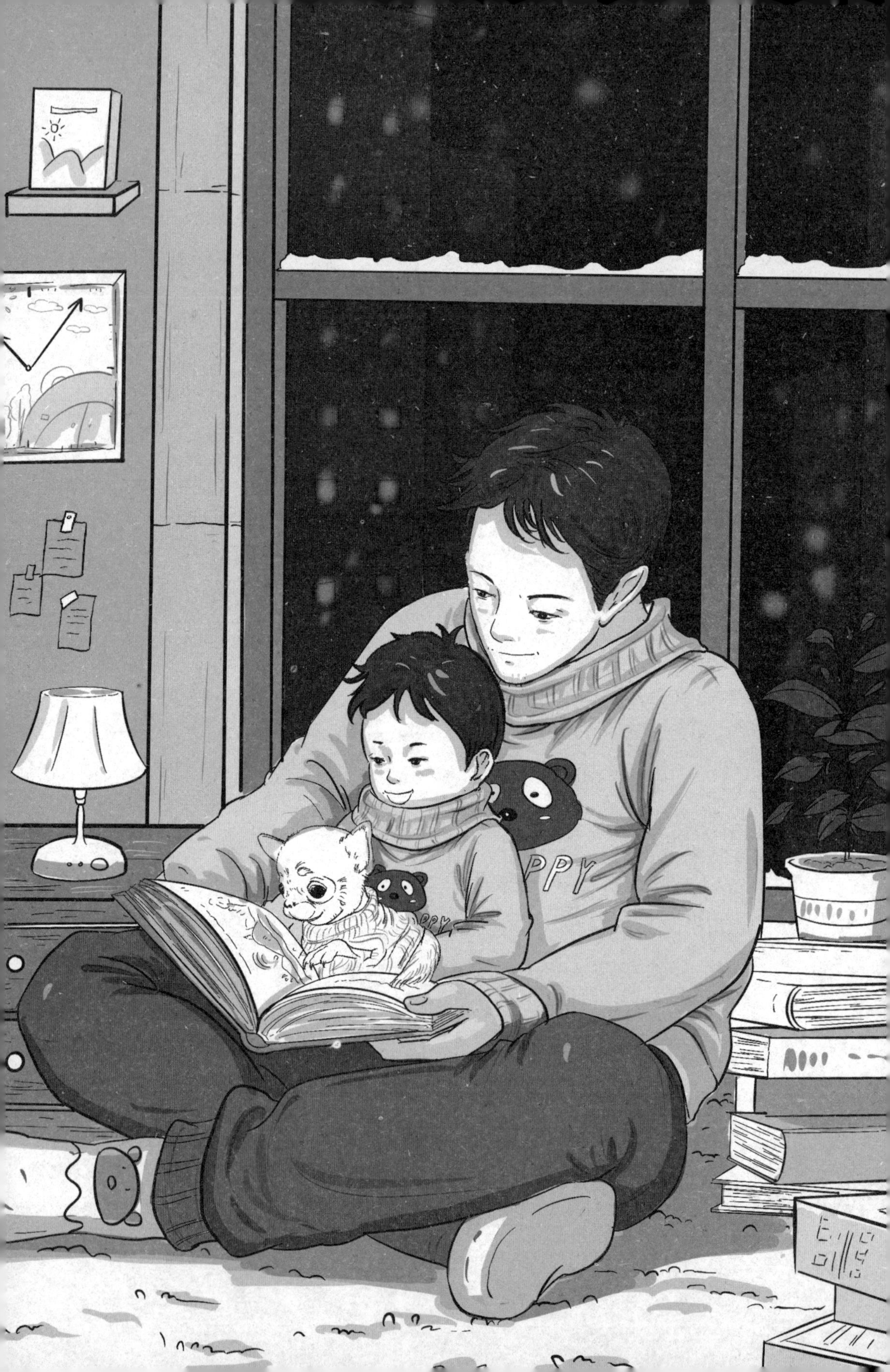

01 扮演好父亲的角色

> 说起角色的扮演,大部分人首先想到的就是舞台、电影、电视里的那些演员,认为只有演员才有角色扮演一说,父亲就是父亲,哪里需要角色扮演呢?

在社会心理学中,同样有"角色"的概念。社会心理学中的"角色",是指个体在特定社会条件下,在一定群体中,所处的地位、身份和相应的行为规范、行为表现。一个人在与人交往时,只有扮演好属于自己的社会角色,才能得到周围人的认可,才能使自己的生活和谐,事业顺利。

合格的父亲,应该是"父亲"与"教练"的合体。我成为一个父亲好多年了,但在初为人父时,几乎没有考虑过父亲和教练之间会有什么联系。

之前一直听说父母是孩子的第一任老师,所以心里一直把自己放在教师的位置,直到我无意中看到一则《如父亲般的教练》的体育新闻,我突然觉得将父亲放在教练的位置会更适合一些。

新闻说的是在一个体校,一名田径队的教练对训练者大到食宿安排,小到检录及心理辅导,事无巨细,样样操心,就如父亲一般,简直是将父亲和教练合二为一了。可以说,这样的教育是用父亲的心态、教练的方法去实施的,这种完美的角色几乎能够让孩子得到所有的教育养分,从而不担心缺了哪一块。

在多多四五岁时,他一度迷上了影视剧里的功夫,他会跟着"哼哧哼哧"地比画。有一次我开玩笑地问他:"你想不想学真正的功夫啊?"他居然开心地说"想啊"。我本想说功夫不是那么容易学的，但是不想让孩子失望，就说："可以呀，只要你想学，改天我们去少年宫武术班学。"就因为这样，我真的把多多送到了武术班接受训练。但是只去了两个周末，多多就不愿意去了。

我找到多多的教练，教练非常抱歉地告诉我："多多是这个班年龄最小的，可能进度有些跟不上，动作也不熟练，经常被大孩子取笑，而我要同时带20多人，有时候很难兼顾。"

和教练谈过话之后，我就明白了为什么多多不愿意再去少年宫，可是多多还是很想学功夫，于是我决定自己抽空和孩子一起学。

在开始之前，我和多多说："多多，我们学功夫的目的不是去耀武扬威，我们只是为了兴趣学，动作标不标准，学得快不快，我们不要强求，可以吗？"多多点点头。

于是多多和我一起看着影碟开始学基本动作。虽然说我也是业余的，但是我小时候上过业余体校，对动作的要领还是很敏感的。当我学熟了以后，我就可以指导多多了。我每天下班都会抽一点时间和多多复习动作，和他交流学功夫的感受等，多多学得很开心。

从多多不愿再去少年宫的原因我们可以看出，越小的孩子在进行教育的时候越需要付出更多的感情，因为孩子的理性思维系统还不成熟，他理所当然地认为每个大人都能像家人一样关心、照顾他。

但是多多的教练有许多学生，他根本不能一一照顾到所有学生，教练只是教练的情况，没有融入父亲般的感情，这让多多在接受训练的时候产生心里落差：跟不上进度，又得不到照顾。所以他觉得这样的训练没有趣味，就打了退堂鼓。

而当我亲自训练孩子时，孩子的心里产生了亲近感，而且我是一对一的训练，目光永远只放在多多一个人身上，他获得了更多的关注，对孩子来说，关注本身就是一种鼓励了。加上在训练的过程中，我们说好不强求动作标准，这又给多多减轻了不少压力。其实对于训练者，任何一个训练的要求都应该由低到高，循序渐进，还要适时作出肯定和鼓励。如果一开始就定一个很高的目标，对孩子的心理又缺乏关注，孩子感觉困难后，更容易气馁，训练就不容易顺利进行。

　　因此，在教育过程中也一样，你要教他学会分享，不要一下子要求他把自己所有心爱的玩具都分给别人玩，而是从他不喜欢的玩具开始。第一次鼓励他把小汽车（他最不喜欢的玩具）分给别人玩，第二次告诉他上次别人借了你的小汽车玩，已经完好无缺地归还给你，这次能不能把遥控飞机给别人玩一玩？在这样的引导下，孩子一步一步作出让步，而你要及时地对他这样的行为表示赞赏，这样，他感受到分享的双重快乐以后，慢慢地就会养成分享的习惯。父亲的关爱心态和教练的循循善诱的方法相结合，效果奇佳。这一招很值得大家研究和学习。

02 父亲要充当教练的角色

> 前面已经说过，父亲应参与孩子全方位的教育，因此，父亲不能逃避帮助孩子解决问题的责任，比如孩子在幼儿园打了别的孩子；孩子不肯与别人合作，也不懂得与人分享；孩子什么都不做，想当饭来张口衣来伸手的小皇帝等，这些坏习惯和错误认知都需要父亲在教育中——指正。

有人认为，父亲在教给孩子某项技能或者技术的时候，更像是孩子的教练。为什么父亲会变成教练？那教练又是什么样的角色？

其实像教练一样的人物我们在生活中经常能碰到。在运动会赛场上，常常陪伴在运动员身边的肯定是教练，教练可以帮助运动员定下比赛战略，也可以给运动员递上矿泉水和毛巾，教练常常是介于老师和生活保姆之间的角色。按照我的理解，教练不是老师，并不专门给你灌输概念和知识，但他能支持你发掘自己的潜力和智慧；教练不是心理医生，不会去平复你的情绪，但他支持你提升自己管理情绪的能力；教练不会只给你进行知识训练或者技巧训练，他还会帮你坚定信念与拓宽视野，培养你解决问题的能力。

教练的工作就是运用专业教练技术准确客观地反映训练者的实际现状。训练者通过教练这面镜子，看到真实的自己的时候，更容易找到属于自己的内心宝藏或被自己忽略的资源并有效地整合运用，从而有效地实现目标。

教练还有一个绝妙的作用，就是帮人建立坐标，帮助训练者确定方向。只

第2章 好父亲的标准：父亲 + 教练

要找到了方向就不怕没有路，只要找到了路就不怕路远。运动场上，体育教练的目标是带领运动员赢，赢得体育竞技的金牌；人生道路上，专业教练的目标是支持当事人找到人生的方向与捷径。对于当事人来讲，所谓的捷径就是以最少的资源达到最佳效果的通路。

当父亲进入教练的角色时，他必须首先对孩子的方方面面有一个准确的判断，就好像体校教练去挑选苗子一样，从身高、体格、运动素质等各方面衡量一个孩子是否有成为冠军的潜力，但是父亲又不是真正意义上的教练，对孩子，他只需暗地里作出估测就好，以免大动干戈，给孩子造成心理负担。

泰格伍兹从有记忆开始，父亲就一直围着他转。父亲对伍兹的爱护有时候看似是溺爱，但是他一直在暗地里观察伍兹的发展状况。当他发现伍兹的高尔夫运动的天赋时，他并没有强求孩子专门接受高尔夫训练，而是让他在尝试各种运动以后，引导他自己去作出高尔夫这个选择。

如今，伍兹回忆起父亲的时候，仍然感叹："在我心目中的最重要的教练是我的父亲。他不仅从小就教我高尔夫基础，更多的是打球的心理以及做人的道理。"

伍兹的成功是有预兆的，父亲坚持参与到孩子的教育中去，让他拥有一个完整的生活。一方面培养伍兹对高尔夫球的热爱、技巧，另一方面十分重视伍兹的学业及其他课余爱好。最重要的是，父亲让伍兹明白，在赛场上要全力以赴，为胜利而战，但是如果失败，也要勇于开放心胸，接受结果。伍兹说："我也有输球的时候，但是回家后等待我的都是一个大大的拥抱。父亲让我在一个自由的环境内发挥我的才能，这才是我在高尔夫球上拥有力量的真正原因。"所以，父亲们需要注意，在培养孩子各项技能的时候，不要单纯地追求胜利，热情才是最重要的，这会给孩子带来快乐。

也许有的父亲渴望成功的愿望并不强烈，对训练的管理是松散的，对孩子的要求是随性的，但这样的教练永远都不会教出最棒的孩子。因此，如果你不想做一个不负责任的教练，那么你可以将以下几点作为训练的参照。一旦你给

为父之道：影响彼此一生的父子关系

出的答案是否定的，你就要及时反思自己。

（1）我确实为孩子的成长尽了最大努力了吗？

（2）我为孩子的成长制定了详细可行的发展计划了吗？

（3）我开始行动了吗？

（4）我找到方法和突破口了吗？

（5）我能坚持下去吗？

当你对每一条问题都给出肯定的答案，那么非常恭喜你，不管你有没有像真正的教练那样教出一个世界冠军，就你的行为而言，在所有的父亲中，已经是最出色的了。你将成为孩子人生最好的教练和启蒙者！

03 教练的四项基本技能

> 我们都清楚，训练是一个持续性并且系统的过程，父亲一旦进入教练的角色，就必须为教练的结果负责。

教练可以运用四大技巧去进行训练，这也是教练的四个最大的武器。

1. 聆听——从孩子的叙述中了解他的目标和现在的位置

为什么教练要聆听？聆听什么？怎么听？用教练的话说，聆听是为了获取资料，了解真相，得到回应，然后有针对性地给予回应。

有一个5岁的小女孩，特别不喜欢同班的一个小朋友，平时总是避免跟他一起玩，甚至，有时候做游戏分到一组，她也会要求老师把自己跟他分开，把那个小朋友弄得很莫名其妙。

小女孩的父亲是一位运动教练，当他从老师那里得知女儿的情况，便和女儿有了这样一次对话。

父亲："宝宝，你喜欢吃榴梿吗？"

女儿："不喜欢。"

父亲："如果爸爸喜欢吃榴梿，你会不会觉得爸爸做错了呢？"

女儿："当然不会啊。"

父亲："那你会不会觉得喜欢吃榴梿的人很讨厌，就不和他一起玩呢？"

女儿："哦，当然不会。"

为父之道：影响彼此一生的父子关系

父亲："你发现了，你不喜欢某样东西，不等于那样东西就不对。你可以不喜欢榴梿，但不妨碍你喜欢那个爱吃榴梿的人，就好像你不喜欢班上的小朋友，但并不妨碍你和他一起参加活动呀。"

"哦！"女儿一下领悟了很多事情。

为什么人会变得固执？聆听的功力不够是一个很重要的原因。固执的人和别人沟通时，听到的不是对方，而是自己。就像小女孩，只要让她和那个小朋友一起玩游戏，她马上就会在脑子里跳出自己的声音："他真讨厌，你不要跟他玩。"小女孩就是因为自己脑海中固有的"声音"影响了自己对事物的判断。

你作为教练，就需要像这个父亲一样，对孩子的心声进行仔细而有效的聆听，否则就会成为那个小女孩，固执地只按照自己的心声行事，形成永远无法突破的教育盲区。

聆听不仅仅是听，它包括以下三层境界，作为教练的你，要逐渐加深关于这项技能的修炼。

在第一个最低的阶段，你只能听到孩子说的话语；

在第二个阶段的聆听，你可以听到孩子更多回应，包括语气、身体、情绪、感觉，以及他在行为层面和所在环境层面给出的回应。一般来说，聆听到达第二个境界，需要具备深厚的功力，教育孩子，你起码要慢慢向着这个目标进发。

在最高境界上的聆听，听到的才可能不仅仅是话语，不仅仅是回应，而是对方深层的内心世界。有句话说："透过那有声的语言，听到那无语的存在。"这种境界只有很少数的聆听者才能真正达到。

由此也可见，教练的聆听并非仅仅是指一般我们日常习惯地用耳朵去听的意思，而是在深刻理解孩子之后所作出的一种回应的意识和能力。

2. 发问——通过提问帮助对方挖掘自我盲点，发现他的潜力所在

为什么教练要发问？发问什么？怎么发问？

教练的发问是有针对性的，问的是和训练者的目标有关系的，对训练者有

第 2 章　好父亲的标准：父亲 + 教练

帮助的问题。

有人说："教练就是帮被教练者如何去问他自己。"另外，通过教练的不同角度的发问，帮被教练者发现自己的盲点，这也是教练的最大价值之一。美国著名的领导力专家隆纳·海非斯说："好的领导者（包括教练）是问正确的问题。"好的发问本身就是洞察力的一部分。

世界顶尖的潜能激励大师安东尼·罗宾是很多世界级名人的心理教练。他的发问技术是一流的。在他已经出版的《唤醒你心中的巨人》一书中，几乎全篇都用发问来引导读者。他还表示，所谓的"成功的人生"就是"问自己一个更好的问题"，问问题就是在解决问题。

安东尼·罗宾认为，好的问题具有以下的功效：

（1）扭转注意力。如孩子今天在幼儿园被老师批评，很不开心，我们可以对孩子发问："今天又有什么让你感到高兴？你跟谁一起玩得很开心？"这样一问，孩子马上想到高兴的事情，还想到和某某小朋友玩得很开心。孩子的注意力不自觉地就转移了，不再停留在难过的情绪中了。

（2）好的问题让孩子注意平时所忽略的事情。如有个二年级的小朋友的笔袋里装了 21 支笔，每天往返在上学途中增加了书包的重量，但是孩子从来没有注意到这是一个问题。有一天，他的父亲发现了，他就问孩子："你觉得你每天上学背着书包重吗？是什么原因让你的书包那么重？这 21 支笔你在学习中都会用到吗？"父亲提出这些问题，让孩子突然发现其实是不需要带那么多笔的，只是之前一直忽略了这个问题。

（3）好问题能帮助孩子发掘出可用的资源。你问孩子怎么样才能和闹别扭的小朋友和好？问他怎样做可以让他的绘画水平更上一层楼？……当孩子听到这样的问题，他才有意识地去考虑他怎样做才能改善局面或者克服困难。

作为教练，你需要使用这项技能帮助孩子实现以上好处。

3. 区分——让对方更加清晰：哪些行为是对自己的目标有用的，哪些属于"添乱"之类的

为什么教练要区分？区分什么？怎么区分？

区分的目的在于提高被教练者的自我洞察力，让被教练者看到更多的选择和可能性，从而支持被教练者改善心态。

区分的一个重要的作用是帮助孩子认清事实和假设。所谓的假设，就是我们的信念和价值观，即我们心中所预先假设会发生的事实，它来自我们过去经验的折射。

打个比方，当你看见一个人拿着杯子，你知道他想去哪里吗？

很多时候，还没有等别人发生行动你就抢先回答了。因为经验会告诉你，他拿着玻璃杯可能是去接水、去刷牙、去洗干净等（假设）。然而，真正的答案是什么呢？有可能他只是把杯子拿给另一个人（事实）。

这就是事实和你脑海中的假设的区别。

孩子在生活中常常会遇到许多挫折或者挫折的假象，从而导致他产生恐惧、退缩心理，作为孩子的教练，你就需要使用"区分"的技能，帮助孩子辨清哪些行为是对自己的目标有用的，哪些属于"添乱"行为，以及帮助他认清事实，驱走恐惧。总的来说，教练就是要帮助孩子将其内在的潜力发挥出来，把障碍减少到最低。

4. 回应——发挥镜子的反射作用，及时指出对方存在的问题

教练为什么要回应？回应什么？怎么回应？

我们每时每刻都在从外界接受回应，因为自我注意力有限，也因此忽略了很多外界回应的信息，这就导致了我们看事物存在盲点。

回应不仅仅是说出来，回应的形式是多种多样的——

回应可以是一份情绪和感觉；

回应可以是一个行为；

回应可以是一种状态；

回应可以是语言,也可以是沉默;

回应可能导致对方的抗拒,也可以给对方启发。

教练的作用,就在于引导孩子认识到各种回应的价值和意义。在训练中,回应是一个很重要的工具。孩子可以从你的回应中获得启发或者发现自身的问题,从而激励他做出改善;

你的每一次回应都是引起孩子思考的信号,所以你要作出正确、理智并且容易让孩子接受的回应。那么你在回应的时候应注意以下的事项。

(1)态度要真诚,否则是不能打动孩子接受你的回应的;

(2)指导要明确,言语要明确,避免出现让孩子容易混乱的回应;

(3)将回应的焦点放在孩子的心态和努力目标上,帮助孩子完善心智;

(4)回应可以促进孩子区分事实和假设的能力发展;

(5)回应中保持中立态度。不一定给出答案,也不一定给出建议,要留给孩子思考的空间;

(6)将回应作为一份送给孩子的礼物,在任何时候都要重视。

04 把孩子的教育安排在你的日程表上

> 身在都市，你忙起来的时候真的很可能会把孩子的教育忘得一干二净。也许你不担忧是有你的理由的：孩子的教育归母亲管，归家庭教师管，归学校管，等等。

在说为什么要把孩子的教育安排在日程表上之前，我想先讲个故事。

有个孩子和多多同龄，也是6岁，我们就叫他小A吧，有一天，这个孩子从幼儿园回来后一直郁郁寡欢，不吃饭，也不说话，一副气鼓鼓的样子。到了晚上10点，孩子还不愿意睡觉。妈妈觉得很奇怪，但无论怎么哄，孩子都不听话。晚上11点的时候，爸爸喝得醉醺醺地回到家，小A一看到爸爸就异常激动地上前撕咬他、打他。爸爸的酒瞬间醒了大半，他很吃惊，责问孩子为什么发脾气？孩子气呼呼地说："爸爸从来没有来接过我放学，没有陪我去过游乐场，也不给我讲故事，幼儿园的小朋友都说我没有爸爸！"

你看，小朋友之间的一玩笑话，却被没有爸爸陪的孩子当了真，可见父爱的缺失会对孩子的心灵造成多大的伤害。如果这种状况在学龄前没有得到改善，等到孩子真正懂事，再挽救就来不及了。因此，要把孩子的教育安排在日程表上，是非常必要的。

你再忙，也不要总拿没时间做借口，这样的借口用多了，总会给人拿工作忙作挡箭牌的感觉，其实是你根本不想去做这件事情。你看，华盛顿在指挥着与大英帝国对抗的独立战争时，也从没忘记要装修自己的大宅，甚至还把装修师傅叫到前线来，跟他们开会商讨装修细节。试问世上还有谁忙得过他？

金宝贝中国早教中心创办人夏弘禹也是一个繁忙的成功人士，他却能领悟为人父的精义："对于孩子不同的成长阶段，父亲的'机会'永远只有一次。"所以，夏弘禹一直会把孩子安排在自己的"日程表"里。

"一个人有多重身份，其中扮演父亲这个角色是最难的。"作为3个女儿的父亲，夏弘禹对此十分感慨。一个男人在公司是领导、专业人士；在外面，他扮演着别人的朋友；无论什么角色，做不好都可以重来，但是做父亲，失败就是失败了，不可能重来。

他之所以有这么深的感悟，是因为他差点就失败了。现在，他常常反省当年因"年少无知"而对女儿的忽视。对此，夏弘禹给出的解释是，他并非不想和孩子在一起，而是因为人总有惯性，喜欢待在自己熟悉的被别人认同的环境里，会逃避不熟悉的角色，因为不懂孩子，不知道怎么跟孩子互动，没有享受到和孩子在一起的快乐，才会选择逃避。

现在的夏弘禹一改往日的逃避情绪，每天早上都会对孩子们说："嘿，今天你们忘了什么事？"3个女儿就会冲上来轮流抱他。每天他都固定给孩子们留一个小时的时间"开会"，"把孩子放进你的日程表"，他强烈希望每个爸爸都这样做，因为"一次不出去应酬，公司也不会倒掉"。

把孩子放进"日程表"，首先要懂得和孩子相处和舍得给孩子花时间。只要女儿有表演，夏弘禹都会排除万难去参加。他很遗憾大部分做父亲的日程表里都没有孩子的活动。夏弘禹还提到一点：外国人比中国人更看重家庭活动。有几次有外国合作伙伴来访，夏弘禹跟他们说要回家，因为孩子的学校有事情，他们都很理解。

夏弘禹很少会把工作带回家，晚上8～9点是没人能打扰的，因为这就是他和孩子们的"开会时间"，他会和孩子在一起交流一天的感受、见闻等。他觉得只要自己能够给孩子花时间，后面的教育、沟通其实很容易，因为你得到越多的快乐，自然就会花更多的时间和孩子们在一起。

　　从夏弘禹的故事里，我似乎也能看到自己忙碌的身影，不过这种忙碌自然是围绕多多的。多多两岁之前，我经常出差，虽然很想留在他身边照顾他，跟他玩，但客观条件不允许，做父亲的我也很无奈。多多两岁之后，出差少了，我就很自觉地把一部分时间留给他，一天当中，早晚各一次交流是安排好的，雷打不动，如果幼儿园要开家长会，我也尽量抽时间参加，周末最多的就是带他到一些有意义的场所去，像动物园、郊外、游乐园、海洋馆等，孩子永远都不腻，每次去都会异常兴奋，在教育的心得上，每次我都有新的收获。

　　因此，希望所有繁忙的父亲，重新在工作和家庭中审视自己的幸福归宿，勇敢地回到孩子身边。即使一开始你会不适应，等习惯了，你会很享受的，孩子也能带给你很多快乐，这种快乐是在工作中不能获得的。

05 拟清单的六个注意事项

> 在生活中，很多人都习惯建立一些任务清单来进行时间的管理，控制任务的达成，或者帮助记忆。没错，这就是清单的3个主要的作用。从前，人们喜欢在本子上罗列清单，现在电子科技越来越发达，各类智能手机、小型平板电脑出现以后，大家就可以抛弃笔录这种古老的方式了，更何况，手机备忘录还有自动提示的功能，时间一到，让你逃都逃不掉。

既然育儿有必要安排在日程表上，那么罗列一张时间任务清单就是很有必要的了。可是在这之前，没有哪个繁忙的父亲想起用这个古老的方法去防止自己忘记教育小孩。许多外国的父亲，几点和小孩户外锻炼，几点和小孩去喂狗，哪个周末和孩子去游乐场等，这些事情都会清清楚楚地记在备忘录上。这些事情一旦定下来，到时即使是总统接见，他也会排除万难陪在孩子身边，履行诺言。这是一种值得肯定的教育态度，非常值得中国父亲学习。

这让我想起来一件事情，更让我感受到外国人对教育的重视。

彼得是我的一个生意伙伴，他有一个4岁的女儿，她在中国上幼儿园。一天，我们因为一个项目需要让他在周末过来开一个临时会议。他查了日程表以后很抱歉地请求我改期，因为日程表上写着周末要陪女儿去看牙医。

这种事情如果发生在中国父亲身上，可能大部分人会妥协，回到公司上班，但是彼得就能坚持立场：孩子需要他，而且他需要守信用，他不愿意在女儿心里留下一个说话不算数的印象。同样作为父亲，我非常理解他的感受，从这件事情以后，我们常常就教育孩子的问题进行交流。就拿教子的时间清单这件事来说，我学习了他那种非常理性的时间管理方式，从中总结出一些罗列清单需要注意的地方。

（1）清单不能只是在自己的脑袋里。如果你是记忆天才的话，你可以这么做；如果你不是，工作还那么繁忙，还是乖乖写下来吧，或者记在手机里，设定提示闹铃，方便查看是否存在冲突。

（2）切忌清单太杂。教育孩子是件非常特殊的工作，千万别和工作搞混了。在列出清单之前，脑袋里要先对它进行一个分类，分别列入工作清单和生活清单，同类的事情放到同一个清单内，这样有利于查询。

（3）清单不要没有重点。没有人能保证写在清单上的所有事情都能完成，因此，最好在列出清单的同时标注上优先级，当你需要在任务之间做取舍时，可以当作一条参考标准。

（4）清单不要太分散。教育工作很琐碎，不要把任务和时间东写一条，西记一条，如果那样即使你是超级大脑也会忘掉一些的。最好将所有的清单放在同一个地方保管，并且最好可以随身携带，虽然说你把工作的清单放到公司，而把家庭的清单放到家里这在大部分情况下有效，但总有你在家的时候想知道还有几件工作上的事情没有完成，或者相反。

（5）任务完成后不可不更新清单。当清单上列出的任务完成之后，记得在清单上划掉这项任务。根据我的经验，在清单上划掉任务的那个刹那，那项任务也真正地从自己的脑袋里划掉了，划掉任务是一种仪式。

（6）不能有些写在清单上，有些不写。比如说你去超市买东西，把买酱油、排骨写在清单上，但是你认为自己肯定不会忘记买方便面，所以就没有写在清单上，那么最终的结果是你很容易忘掉方便面，这是我们大脑的特点决定的。教育孩子也一样，你明明记得晚上回家和孩子一起吃饭然后去散步，但下班时碰到一个合作伙伴，对方发出晚饭邀请，你就会把家里的晚餐抛到九霄云外了。

06 父亲教育孩子的"五项修炼"

> 我之所以不停地学习如何教育孩子,是因为害怕孩子以后会责怪我没有教育好他。美国泰曼·约翰逊说过:"成功的家教造就成功的孩子,失败的家教造就失败的孩子。"

一个铁哥们曾经夸奖过我:"你是一个特别有见地和魄力的父亲。"

我反问:"从何见得?"

他说:"别人教育孩子都是随便几下,你却从不含糊,育儿书钻研了不少,肯定已经有自己的一套东西了。"

他这么一说反倒是提醒了我,我之所以不停地学习如何教育孩子,是因为害怕孩子以后会责怪我没有教育好他。美国泰曼·约翰逊说过:"成功的家教造就成功的孩子,失败的家教造就失败的孩子。"我不知道我是不是如朋友所称赞的那样"是个有见地和魄力的父亲",但是我的脑袋里逐渐形成的一套教育方法,我肯定是要坚持下去的。

这套所谓的"方法"就是我总结出来的"五项修炼"。有一本书叫《男人的五项修炼》,专门论述男人通过实践书中所提的五项修炼而变成一个成功男人。书中也曾提到"教育孩子"这个内容。当然,现在我所提的"五项修炼",除了教育孩子和它有点关系,其他完全没有关联,我的"五项修炼"主要是从教育孩子出发,总结作为父亲怎样教育一个孩子,以此来促进孩子健康成长。

在这里很有必要谈一谈"五项修炼"的具体内容。

1. 陪孩子玩

也许看到这第一条，有很多家长会很疑惑："玩算什么修炼，还要陪他一起玩，一起疯，能搞出什么名堂？"这你就有所不知了，哥斯达黎加儿童教育学和心理学家马德里斯指出，2岁至5岁儿童中，常玩耍的孩子的大脑要比不玩耍的孩子的大脑至少大30%，这就是说，会玩的孩子更聪明。

因为，在玩耍的过程中，儿童要完成几十种与大脑和思维活动有关联的动作，例如掌握平衡、协调心理活动、处理问题等。通过玩耍，孩子能提升识别物体的能力，提高语言表达能力和思维想象创造力，还能消除心理压力和恐惧感等。

另一个方面，孩子天性好动，玩游戏是他们的"工作"，他们会玩、能玩、快乐地玩可以让他们尽情地释放身体能量、思维能量、心理压抑情绪等，这非常有助于孩子的身心健康。所以单从以上的好处来看，玩，是第一项修炼。

2. 完善孩子的心智模式

为什么要完善孩子的心智模式？心智模式又是什么？估计很多家长仍然对这个名词感到很陌生。

所谓心智模式就是指人的思维方式、思想习惯、心理素质和品格特征，具体包括五个方面：

（1）头脑和思维；

（2）意识和潜意识；

（3）认知、觉知和感知；

（4）心、心灵和精神；

（5）智力和智慧。

心智模式会影响人的意识方式和行为模式。心智模式实际上是指人们的心理素质、思维方式和心态。一个人有什么样的心态，就有什么样的思维，也就决定了他有什么样的行动，长期地这样行动就养成了固定的习惯，习惯决定一个人的性格，那么这就决定了他今后的命运。所以，完善孩子的心智对孩子的人生发展很重要，完全不容忽视。

3. 引导孩子建立目标

法国作家大仲马说过："生活没有目标就像航海没有指南针。"确实如此，目标对于人来说，是行动的导航灯，没有目标，我们就不会努力，因为我们不知道为什么要努力。没有目标，我们几乎同时会失去机遇、运气、别人的支持。因为不知道自己到底想要什么，也就没有什么能帮助得了他，就像大海中的航船，如果不知道靠岸的码头在哪里，那么它也就懒得加速航行了。

哈佛大学有一个关于目标对人生影响的跟踪调查。对象是一群智力、学历、环境等各方面都差不多的人。调查结果发现，27%的人没有目标，60%的人有较模糊的目标，10%的人有清晰而短期的目标，只有3%的人有清晰而长期的目标。25年的跟踪结果显示，3%的人在25年中都不曾更改过目标，他们朝着目标不懈努力，25年后，他们几乎都成了社会各界的顶尖人士。10%的人，生活在社会的中上层，他们的短期目标不断地被达成，生活状态稳步上升。60%的人，几乎都生活在社会的中下层，他们能够安稳地生活与工作，但似乎都没什么特别的成就。27%的人，几乎都生活在社会的最底层，25年来生活得不如意，常常失业，靠社会救济生活，并常常抱怨他人、抱怨社会。

这个调查显示：人生的成功与否在于一开始你的选择。你选择什么样的目标，就会有什么样的成就，有什么样的人生。看，如果不引导孩子建立目标，那么25年后，也许孩子就是那27%里的一员。

4. 用乐学的方法促进孩子持续性学习

常常听到朋友抱怨自己的孩子："学习没定性，一会喜欢语文，一会喜欢画画，那么简单的家庭作业也不愿意动脑筋做，看到老师在作业本上批注的大叉叉，真是让我羞愧得无地自容。"这样的抱怨的确不少，而且通常父母们都对此束手无策，照我看来，这是孩子没有进入乐学的状态，所以他三心二意，不愿意认真思考作业，对学习也无定性。

乐学是什么样的状态？它真的能让孩子爱上学习、坚持学习吗？作为我的一项教育修炼，这当然是经过验证的。但是我们首先得搞清楚"乐学"是什么。

乐学就是把学习当成一种快乐，而不是一种负担，把学习当作乐趣，并且以这种兴趣爱好来促使自己在学习的路上一直走下去。用最简单明了的话说，就是要让孩子爱上学习、持续学习，首先你得让孩子对学习感兴趣，也就是让孩子在学习中获得乐趣，那么我们到底用什么方法去让孩子"乐学"？后面的章节会具体介绍到。

5. 系统思考的能力

系统思考是彼得·圣吉在著作《第五项修炼》（*The Fifth Discipline*）中提出的一个修炼项目，也是第五项修炼的最核心的修炼，又被称为"见树又见林的艺术"，用中国话来说，就是讲究一个"全"字。它要求人们运用系统的观点看待组织的发展，引导人们从看局部到观整体，从看事物的表面到洞察其变化背后的结构，以及从静态的分析到认识各种因素的相互影响，进而寻找一种动态的平衡。从字面上看，系统思考是一种思维方式，实质上，系统思考更重要的是一种组织管理模式，也是一种帮助你进行全局思考的工具。这种思考模式对完善孩子的心智非常有帮助。

07 "五项修炼"的时间安排

> 说到五项修炼,有人也许认为:"这看上去像是一个完整的训练项目,这必定需要严格的时间要求吧,要不然怎样进行呢?"说对了一半。做任何一件事情都是需要时间的,不花时间的事情根本不存在。

我本身是一个商人,在五项修炼的时间安排上,必定是符合父亲的时间要求的,这些时间不会定在你上班的时间段里,但是除了这段时间,父亲们其他的时间都是可自由支配的,(这里排除了那些做特殊工作的父亲们)当然,这里定的时间是非常有弹性的,父亲们只需根据提示作出时间安排就可以了,不必一分一秒都严格执行。具体时间安排如下(表2)。

表2 五项修炼的时间清单

五项教子修炼	时间安排
陪孩子玩	工作日,早上你和孩子起床之时,到你上班或者到孩子去幼儿园之际;晚上你下班与孩子放学之时起到睡前,都可能成为你们相处玩耍的时间。周末,尽量每天抽两个小时或者更多的时间陪孩子外出游玩,一方面增长孩子的见识,一方面脱离日常熟悉的环境,可以让你们的相处具有新鲜元素,提高教育的质量。

续表

五项教子修炼	时间安排
完善孩子的心智模式	完善孩子的心智模式至少需要进行五个领域内容的训练（具体见上文），可以每天针对一个内容抽取20-30分钟进行相关训练，训练教材可以买一个市面上口碑较好的。这段时间最好安排在晚上7-8点之间。因为孩子刚放学回来肯定想玩一玩，家长刚下班也累。等到吃完晚饭，洗完澡之后，双方的身体和思维都进入一个平稳时期。根据美国芝加哥医疗中心对人体一天大脑皮层的不同区域的功能作出的研究表明，晚上7~11点可就一些较严肃的家庭话题进行讨论，也是学习的最好时间，年幼的孩子体力不比大人，他们9点左右需要睡觉，所以将心智训练安排在晚上7-8点之间最合适。
引导孩子建立目标	引导孩子建立目标没有明确的时间规定，总体原则是当孩子需要开始一件事情的时候，你就可以引导他首先确立一个目标，并且注意在整个过程提醒目标完成的进度。比如，孩子开始学字母，你可以引导他确立每天学会认一个字母，那么完成目标预期时间就是26天。在这26天，你要起到一个监督者的作用，所以你应该跟他说："你的目标完成多少了？"而不要说："今天学字母没有？"前者给孩子的心理暗示更强烈。

续表

五项教子修炼	时间安排
用乐学的方法促进孩子持续性学习	关于学习时间的安排有两种情况：一是关于课程的学习，这个时间多数安排在放学回家这一段时间，别限制孩子学什么，他可以看书，可以画画，也可以弹钢琴，总之要以孩子兴趣为准，这是激发"乐学"的有效方法。学多长时间根据孩子年龄来定，6岁以下尽量别超过30分钟，6岁以上12岁以下别超过一个小时。二是关于课外内容的学习，这个时间很随机，可以是在接孩子的路上，可以是送孩子入园这段时间，也可以是在超市里，总之能起到教育启发作用的任何时间都可以。
培养独立思考和系统思考的能力	在某件事情上，你认为可以训练孩子的独立思考能力和系统思考能力的时候，你可以随时开始。例如，家里只剩下两个苹果，但是需要分三份，你可以请孩子分一分。别给提示，完全让孩子自己考虑，无论什么结果，先请孩子说明缘由，然后你们一起交流，让孩子知道你的想法，那么他就有了两种思考经验，下次再遇到类似事情，他就能独立作出判断。

08 不要当"拳威"父亲

> "棍棒里面出孝子。"很多家长都崇尚这句老话,以为对孩子棒打口骂,是为了孩子好。而执行棍棒教育的,大多数是爸爸。

一项媒体所做的调查显示,近三分之二的孩子曾经遭受过家庭暴力。在接受调查的498名大学生中,54%的人承认自己在中小学阶段经历过父母的体罚,其中体罚的形式以手打脚踹为最多,占到88%;借助工具,如棍棒、皮带、衣架等实施暴力的占1.6%。从体罚的种类看,辱骂占25.28%,罚跪占16.36%,罚站占13.38%,被父母逐出家门占4.09%。

很多事例表明,严厉、粗暴的教育方法,不但达不到家庭教育的目的,还会使孩子形成各种心理问题,成为孩子日后产生不良行为甚至走上犯罪道路的根源。

要遏制棍棒教育,必须充分认识到打骂孩子的危害。

第一,会造成严重的亲子隔阂。孩子遭打骂的时候,心里是不会舒坦的。皮肉之苦,使他们产生怨恨、逆反、畏惧等心理。打的结果就是,孩子与父母之间的亲情日益淡漠,隔阂越来越深,个别孩子甚至会产生报复心理。

第二,会造成悲观厌世情绪。经常挨打的孩子,自尊心会受到伤害,从而产生自卑心理,以后极容易走上自暴自弃、破罐破摔之路。父亲本是孩子的保护神,经常被保护神打骂,孩子会感到人世间没有温暖。

第三,促使孩子陷入孤独的深渊。经常挨打的孩子,会感到孤立无援。尤其是当众打孩子，会使孩子的自尊心受到伤害，让他怀疑自己的能力，自感"低人一等"，显得比较压抑、沉默，认为老师和小朋友都看不起自己，从而抬不起头来。于是，这种孩子往往不愿意与父母和老师交流，不愿意和小朋友一起玩，在性格上显得孤僻。

第四，导致孩子说谎。有的父亲一旦发现孩子做错事就打。为了逃避挨打，孩子往往被迫违心地说谎，瞒得过就瞒，骗得过就骗，因为骗过一次，就可减少一次皮肉之苦。

第五，造成孩子人格畸形。从心理学角度讲，父亲粗暴高压，会导致本来性格倔强的孩子产生抵抗意识、对立情绪，进而变得性情暴躁、行为粗野，甚至形成攻击型人格，对别人施暴，难以建立良好的人际关系；而性格怯懦的孩子，会产生严重的畏惧心理，表现出软弱的顺从意识，进而形成猥琐、胆小怕事的性格等，这样的后果，将影响孩子的整个人生。

不少父亲喜欢在孩子面前搞"一言堂"，自己说的话就像圣旨一样，孩子丝毫没有发言权和反驳权，只能遵从。如果父亲过分轻视孩子，总是俯视孩子，孩子得不到尊重，可能会反感家长，自然与父亲的关系也不会亲密。父亲应该尊重孩子，父亲越是尊重孩子，孩子越会尊重他人和自己。

1. 尊重孩子的人格

孩子的自尊心很容易被父亲忽略、压抑。父亲往往会无视孩子的需要，有时甚至侮辱了孩子的人格还浑然不知。孩子虽小，但是也有自己的人格，孩子和父亲在人格上是平等的。尊重孩子，也是尊重自己。只有尊重别人的人，才能获得别人的尊重。在相互尊重中，教育的效果才会明显。

2. 尊重孩子的选择

很多父亲怕孩子的选择不正确，不给孩子选择权，而是按照自己的经验来为孩子做选择。这是父母不懂得尊重孩子的表现，这样做的后果是：孩子永远学不会选择。

在尊重孩子的前提下，父亲要鼓励孩子承担一定的任务，让孩子拥有自主权、选择权。当父亲预见任务中可能出现的困难时，可先让孩子想办法解决，若孩子完成任务确实有困难，父亲应该采取"帮助"而不是"替代"的态度帮助孩子解决困难。这样不仅对培养孩子的独立性、创造性、不畏困难的精神有着积极的作用，也让孩子在自我选择的过程中感受到被尊重和被重视，从而与父亲建立良好亲密的关系。

尊重孩子的选择主要是尊重孩子的兴趣、爱好以及交友圈。兴趣和爱好是孩子成长和发展的催化剂，也是孩子前进的动力；朋友和伙伴是陪伴孩子共同成长的重要力量。

父亲要尊重孩子的选择，在孩子做选择的时候不能过多干涉，辅助而不是主导。如果孩子做了错误的选择，最好也不要马上用粗暴的方式纠正孩子，应该耐心地指导，帮助孩子分析利弊，这样孩子才能慢慢地学会理智分析和看待事物，从而才会越来越懂得做正确的选择。

3. 尊重孩子的隐私

如果把自尊心比喻为花瓶，那么隐私被侵犯就是瓶上细小的裂纹。父母如果肆意侵犯孩子的隐私，那么裂纹就会逐渐扩大而造成不可修复的伤痕。如果孩子有不想告人的秘密，父亲就应该尊重孩子，让孩子心中保留属于自己的一块秘密基地。如果孩子强烈抵抗，作为家长还强行侵入，那么最后只会弄得两败俱伤。

孩子有了自己的秘密和隐私，是独立意识和自尊意识觉醒的一种体现。孩子进入青春期后，会慢慢走向独立，隐私、秘密也会随之增加。孩子渴望被尊重、被承认，尤其是有了自己的秘密和隐私后，更希望能够得到尊重和保护。如果孩子的自尊心被肆意地践踏损害，他的品德发展也会受到负面影响。父亲要明白，尊重孩子的秘密和隐私，是对孩子自尊心的保护，给孩子一份私密的自由空间，能够让孩子的心理更健康。父亲只有尊重孩子的隐私、秘密，并给予保护，才能获得孩子的尊重和爱戴。

第 3 章

陪伴孩子在玩耍中超越自我

"爱玩"已经被公认是孩子的天性。孩子年幼懵懂，对周围的世界充满好奇，这就促使他好动爱玩，其实，这时他的"玩"并不全是成人观念里的"无聊地消耗时光"，而是怀着好奇心对周围世界进行探索。孩子在"玩"中可以发现自我、获取经验、创造发明……正是在这一连串的"玩"中，孩子可以感受自我超越，发现另一个未知的自己。

自我超越实际上是一种成功的体验，体验过自我超越的孩子，有更强的自信心、积极性、创造欲望、交往欲望等。这些正是解决孩子成长学习过程中一系列问题的重要体现，因此，我们应该重视孩子的"玩"，正确评价孩子，让孩子获得成功的体验，从而不断攻克成长、学习上的诸多问题。

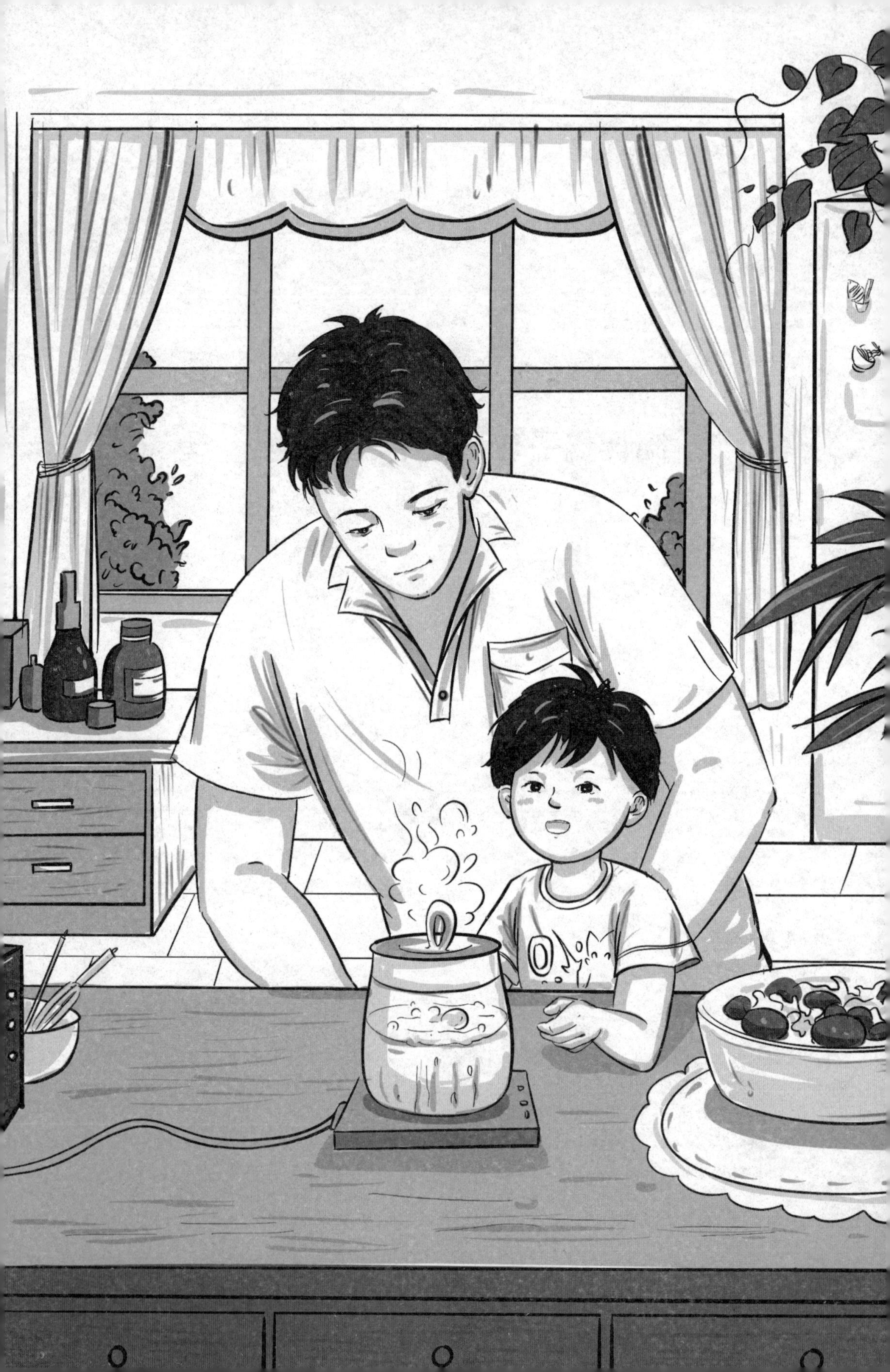

01 爱玩是每个孩子的天性

> 让孩子玩看起来是一件很理所当然的事，教育家陶行知说过："玩是孩子的天性。"虽然孩子愿意去玩、喜欢去玩，玩是孩子的天性使然，也是一种以孩子兴趣为先的技能。

现代父母，多不知道孩子到底喜欢玩什么，他们只知道希望孩子"玩"什么，安排孩子"玩"什么，这是误解了"玩"，或者直接忽略了"玩"的做法，这背后最根本的原因是：父母没有聆听过孩子内心的想法。

经常能听到许多父母谈论：今天又给孩子报了什么兴趣班；孩子每周都要去上英文课；老师说孩子有拉小提琴的潜质，打算送他去小提琴班等，这时我心里真为这些孩子感到不幸，这是孩子们所希望的玩乐吗？还是被生搬硬套的"游戏"？事实上，这是家长对未来感到恐慌的一种心态，是提前对孩子进行的职业培训，根本不是游戏。这固然与生存竞争有关，如果孩子不掌握更多的知识，难免不落后于其他人。这些又都是家长所不愿意看到的。毕竟望子成龙是所有负责任的家长的共同心理。从生活的终极目的来讲，人活着，总是追求幸福、追求欢乐的。而剥夺了孩子玩的权利，实际上就是剥夺了孩子的欢乐和幸福。

孩子一生下来，就开始通过玩来了解世界。玩，是一种探索方式，它不仅能帮助孩子拓展想象力和创造力，还可以培养他们坚强的毅力和自信的品格，增加他们与人交往的机会，以及让他们学会理解他人、尊重他人、控制自己等能力。

有一对年轻夫妇，总是埋怨孩子笨，觉得他脑子慢，学习成绩不好，还怀疑孩子心理有问题。为此他们带着孩子去看儿童心理医生。谁知，这位医生和孩子交谈后，给年轻父母开了这样一个家教偏方："一张笑脸，两句鼓励，三分野餐，须在草地、河边、阳光照耀下全家一起食用。'药'不分剂数，周六、周日常用。"

原来，医生和那个10岁的小男孩交谈了一个多小时，发现孩子头脑清晰、反应灵敏、用词准确，一点都看不出孩子有什么不正常的地方。接着，孩子向医生说："我每天的生活很枯燥、乏味，早上吃完饭就上学，放学回家吃完饭写作业，然后睡觉。星期六得去补习班上课，有空还要练习吹小号和绘画。好不容易爸妈说带我出去玩一天，爸爸又说有事。我现在就想玩，而且我要自己决定玩什么。"他还悄悄告诉专家："你别跟爸妈说，我特想看动画片，爸妈一回家就打开电视看股市或者看球赛，什么都不让我看。"根据孩子的诉说，医生得出结论：孩子的一切都很正常，不正常的恰好是孩子的父母，他们从来没有尝试去了解孩子的想法，也不能正确地让孩子自由地"玩"，正因如此，孩子压抑了自己，最后干脆破罐子破摔。

在现实生活中，很多家长就像上述的父母一样，剥夺了孩子玩的权利；或者仍然是在按照自己的想法和爱好，为孩子安排未来发展的道路；或者因为某种固有的教育思想，强迫孩子放弃自己喜欢的事情，阻断了孩子兴趣爱好的萌发，其实这是孩子的损失，也是教育的一大失误。说到底还是家长不能正确地理解孩子的"玩"，同时也不够信任孩子，因此，家长就连"玩"也给孩子包办——你只能玩什么，你只能这样玩。结果，孩子对游戏失去新鲜感和想象力，对游戏不再期盼，干脆你让他干什么他就干什么，反正印象中，他和你因为玩什么、怎么玩的抗争从来没有胜利过，他意识里逐渐形成这样一个概念：必须听从你的安排。试想，事情发展到这一步，玩已经不是孩子天性的体现，而是惯性的使然，孩子的创造力不复存在，独立能力丧失，孩子变成一个彻头彻尾的"小傀儡"。

一个小女孩，偶然发现蚯蚓断成两半后，两半都在蠕动，感到特别好奇。她把断了的蚯蚓分别搁进两个有土的花盆里，想观察一下断了的蚯蚓还能不能活。孩子的父亲看到非常生气，说："一个女孩子，摆弄什么泥巴，没出息！"随后，父亲把有蚯蚓的两块泥巴扔了出去。小女孩从此再也不敢对蚯蚓和泥巴感兴趣，她只能听父母的话，乖乖地在屋里弹钢琴。

小女孩的"玩泥巴"实际上是一种观察、探索自然的行为，父亲没有了解情况就打断孩子探索的进程，这种蛮不讲理的行为很不符合教练这个角色。父亲要成为一个合格的教练，起码要做到"聆听"孩子的需求。之前我曾在上文提过，父亲教育孩子须具备教练的四大技能：聆听、发问、区分、回应。对于孩子玩游戏，我们也需要用教练的技能去训练他，认真聆听孩子的心声，然后让孩子自己决定玩什么，怎么玩，尽量创设一个宽松自主的游戏环境，这样，孩子才能体验自主游戏带来的成功感，这其实就是一种"玩"的超越。

让孩子玩，当然也不是说对孩子的玩可以放任自流。无论是幼儿，还是少年，甚至是成年人，总是感官重于理性，玩心胜于学心，而且，玩也容易导致懒惰，也真的可能导致丧志。因此做家长，于公于私，都有一个监护的责任，一个教育的责任，否则的话，纵子如害子，待到孩子因玩而耽误了发展，你后悔就来不及了。

那么我们该如何让孩子尽情地发挥他"玩"的天性？

（1）为孩子创设良好的游戏环境。特定的环境会引起特定的活动，所以创设良好的游戏环境是让孩子玩的前提。首先，从物质条件来说，应该有孩子想玩的东西，比如好的玩具或者有助于孩子参与游戏的材料；同时还应该有孩子玩的场地，如房间、户外草坪、儿童游乐场等。另外，从孩子的心理需求上来说，轻松自由的气氛也是必不可少，这是孩子游戏时所需要的心理环境，它能够激发孩子游戏的兴趣。父母不要因为孩子弄乱了房间，就去责备、限制孩子，这样做只会损害孩子的积极性，干涉孩子的玩法，甚至会改变孩子的游戏规则。如果这样做，就会改变游戏本身自由、愉快、自然及探索的特性。若要让孩子真正享受到游戏的乐趣，就应该让孩子在良好的物质环境和心理环境中成为游戏的主人，充分表现自我，把握自我，超越自我。

（2）在玩的过程中，要对孩子做出必要的引导和帮助。对于孩子来说，游戏并非完全是其自发的活动，同样需要模仿和学习。特别是对于2-5岁的孩子，则更需要大人做出适当的引导，这样，孩子可以产生想象，根据记忆、表象，运用素材去丰富游戏的内容和情节。但并不是所有的游戏对孩子都能起到良好的促进作用，比如模仿大人赌博的游戏，模仿电影武打的游戏，还有从高处乱窜的游戏，等都是不适宜孩子玩的。我们应该多关心孩子，了解孩子的游戏，及时发现孩子在玩中遇到的困难，并和孩子一起解决困难。如果发现孩子在游戏中出现打架、谩骂、说脏话等行为，应该及时地纠正为，讲清楚道理，说明利害关系，从正面引导孩子去玩。

（3）父亲往往代表冒险的形象，你可以鼓励孩子玩得"出格"。"出格"的意思是要玩得尽兴，很多家长喜欢在孩子玩耍时在旁边看着，指手画脚，应该这样，不该那样……孩子还没开始玩呢，就被指点得惶恐不已，如何还能去思考和创造呢？我的一个朋友就做得很好，他的女儿喜欢画画，他让女儿自己去画。一次，他女儿把河水涂成了黑色，他很开心地夸孩子会创新。但是河水怎么是黑色的呢？他并没有指出女儿的所谓的错误，而是把她带到一条小河边，不动声色地让她看真正的河水。从那以后，女儿笔下再也没有出现过"黑水河"了。试想，如果孩子在画画的时候，父母非要让孩子根据父母的意愿作画，孩子就失去了创作的乐趣，中规中矩地画又有什么意思呢？

（4）把玩跟锻炼身体联系起来。让孩子锻炼身体也很重要，而许多体育项目是颇具趣味性的，比如游泳、羽毛球、乒乓球等，只要条件允许，就让孩子好好地玩上一两样，既玩出了兴致，又锻炼了身体，一举两得。

（5）别忘了指导孩子养成良好的玩耍习惯。孩子玩耍与我们大人工作是有异曲同工之处的，大人工作时会把资料或工具放得到处都是，孩子玩耍时自然也会将家里弄得跟垃圾堆似的。大人工作完成后会把东西整理好，对于孩子，我们也要要求他们把东西用完就放归原处，良好的习惯从点滴开始，长大后无论做什么事情都会有条有理，大人也免除了收拾之苦。

总之，在对待玩的问题上，父亲要通过倾听和发问来了解孩子的想法，然后才能有针对性地鼓励孩子去玩，创造条件给孩子玩，让孩子遵循天性，玩出兴趣，玩到极致，在玩的过程中感受自我超越。

02 通过发现潜力来引导孩子产生兴趣

> "玩",普遍被理解为娱乐,但是深究一层,"玩"不仅对一个人的自我发现和自我认识很重要,而且对一个人的自我实现也很重要,甚至它是一种超越自我的方式——人并不是天生就知道自己会玩的,人是在玩中学会了玩,在玩中才发现自己有玩的潜能和天赋,在玩中将自己的潜能激活,将自己的天赋变为现实。

其实,孩子的玩有时候更能启发他,因为他的思维不受现实和经验束缚,他可以随心所欲地表现自己的创造,不让孩子玩,等于让孩子失去了创造的驱动力,那么,世界上好多发明都将变为乌有。

如果一个人总是什么都不玩,那么他将永远都不知道自己会玩什么、自己喜欢玩什么和自己能玩到什么样的水平。但是孩子总是会无意识地玩耍,他本身并不明确自己是不是很喜欢玩这种游戏(包括玩具),尤其是6岁以下的儿童,他们的心智还未成熟,各方面的行为意识还需要成人作出引导。比如,多多在5岁时迷上了剪纸,于是我把他送到剪纸班;过了一段时间,多多又想学捏陶泥,于是我又给他报了陶泥班;过了没多久,多多告诉我,他班上的女同学好多在学布艺,还给洋娃娃做了好多衣服,他也想……听他这么一说,我突然觉得苗头不对,孩子的兴趣一点都不稳定,给人三心二意的感觉,如果他总是这样,不能踏踏实实地做好一件事情,将来他怎么能认真对待自己的生活和工作呢?

第3章 陪伴孩子在玩耍中超越自我

面对这种境况，我考虑了一段时间，决定利用教练的第二项技能——发问，帮多多找到自己最感兴趣的点，这样才能确认他在哪个领域能够学有所长。心理教练安东尼·罗宾曾说："所谓的成功的人生就是问自己一个更好的问题。"而问问题的目的就是解决问题。对于如何帮助孩子找到兴趣点，在于你的提问是否具体有效。

"多多，你觉得你平时喜欢玩什么？"我开始发问。

多多侧着小脑袋想了一会，笑着说："好多。我喜欢捉迷藏、滑滑梯、剪纸、玩球和与小狗玩。"

为了引导他说出"捏泥"和"做布艺"这两个兴趣，我继续第二个问题："好好想想，还有吗？"

"还有捏小人和给小人做小衣服。"

当孩子说出了我想听到的三个答案时，我就开始进一步发问："你喜欢剪纸，你可以每天都玩一玩吗？"

"可以。"多多毫不犹豫地回答。

"那么捏泥呢？"我追问。

"捏泥……可能不行。"他想了一会说。

"为什么不行呢？"

"捏泥要很长时间。"

"那么做小人的衣服呢？"

"这个也喜欢，但是我做得不好看，小朋友们都笑话我。"

"哦，那么如果这三个兴趣班现在你只能选一个了，你会选哪个？"

多多面露难色，矛盾了一小会，终于作出决定："剪纸。"

"为什么呢，其他两个不喜欢了吗？"

"喜欢，但是最喜欢剪纸，因为老师总是表扬我剪得最好看。"

我的发问到此为止，其实问题很普通，无非是针对孩子的三种兴趣引导他做选择。孩子的兴趣广泛本身很好，可如果孩子每个兴趣都涉足一点而没有针对性地培养，最终就会什么都是半桶水，没有一个潜能发展的方向，那么他玩的技能也不会有任何突破，那更谈不上在玩中感受自我超越了。

"发问"不仅是沟通的一种方式，还能成为了解孩子的兴趣爱好和发现孩子潜力的技巧，当你引导孩子确立兴趣后，他才能明确往前冲的方向。

作为父亲的你，总的来说，需要做很多，才能让孩子勇于超越自己，创造不可能的自我。

（1）细心关注孩子兴趣的变化以及潜能特质。孩子很多时候不能搞清楚什么是兴趣，什么是潜质，这时候，就需要你擦亮眼睛，捕捉孩子成长中微妙的变化，他怎么那么喜欢咿咿呀呀地跟着碟子放的歌哼唱，他怎么那么喜欢在白纸上涂鸦，他为什么总是蹲在笼子边看小白兔……这一切都是预兆，他是因为喜欢才专注于那些事物，对某样东西感兴趣，是在这个领域发展潜能的基础。

（2）创造条件让他发挥才干。如果说你已经明确了孩子特别喜欢唱歌，但你什么都没做，只是在旁边观望，这样你永远都不能看到他的闪亮之处，正确的做法是，及时地给他创造发展这种潜能的物质条件和精神条件，就像一颗种子种到土地里，它才有可能发芽。

（3）及时的鼓励就如一场及时雨，可以促使他成长得更快。潜能有机会发展，在这个过程中，孩子还需要不断地得到肯定和认同，因为孩子的心智尚未成熟，他不懂得投入多少才可以收获产出，你作为他的监护人，需要关注他的发展进程，在适当处给他赞美和鼓励，他会成长得更快。

（4）当他出现失误，你该怎么做？鉴于孩子的心理未成熟，他可能很容易出现倦怠，也可能执行错误的指令而偏离正常的发展轨道，这时，你千万不要逮住孩子的错处就责骂他，要知道，批评惩罚孩子是需要讲究艺术的。一味地责怪只会让孩子逃避的念头更加强烈。所以，孩子如果对绘画、钢琴、书法、学习等产生疲倦心理，最好放一放，带孩子出去呼吸呼吸新鲜空气，看看外面的世界，游山玩水，开阔心境，相信回来后，孩子又能兴致勃勃地继续发展他的兴趣特长了。

03 再忙也要陪他冲锋陷阵

> "陪孩子玩"看似很轻松,也没有难度,然而,能做到的父亲却不多,在活动场所,多数和孩子玩的都是母亲或者老人。

我们小区有个花圃,已经抛荒了,有段时间,我每天下班第一件事就是带着多多拿着小桶、小铲去种花、浇花。多多忙得可来劲了,比我还积极。小区里的爷爷奶奶或者妈妈看到我每天都带着孩子出来闲逛,先是称赞:"你可真是个好爸爸,我们家的爸爸十年都不见得会陪孩子一次。"问起原因,多是因为忙工作。

为什么父亲那么忙?因为要赚钱。赚钱为了什么?为了孩子。为了孩子的什么?为了供孩子吃、穿、用和教育等。然而,孩子真正需要的远远不止这些,又或者说,孩子需要的也没有那么多。

看看下面这则小故事,也许你面对的情况不是这样,但里面那个5岁小男孩的话绝对道出了大多数孩子的心声,这个心声很值得作为父亲的我们好好地思量。

一位父亲很晚才下班回家,6岁的儿子等了他一晚上。

儿子说:"爸爸,我可以问你一个问题吗?"

疲惫的父亲不耐烦地说:"什么问题,快说?"

儿子说:"爸爸,你1小时赚多少钱?"

父亲有些生气地说:"这和你有什么关系!为什么要问这个?"

儿子说:"我很想知道,告诉我好吗?"

父亲极力压住怒火说:"20块。"

儿子搬弄了几下手指,接着说:"爸爸,可以借我10块钱吗?"

父亲终于忍不住大发雷霆了:"你要钱做什么?去买无聊的玩具?知道我赚钱有多辛苦吗?你为什么就不能体谅我?真叫人失望!"

儿子很委屈,一个人默默地回到房间,关起门,偷偷抽泣着。

过了一会,父亲慢慢冷静下来,对刚才的"无名火"感到后悔,于是,他走到儿子跟前,说:"刚才我没听你解释要钱做什么就发了火,是有些过分。那么,你到底要买什么呢?"

儿子擦干眼泪,对爸爸说:"爸爸,我已经有10块钱了,如果你肯再借我10块,我就可以向你买1小时的时间。我只是想让你陪我玩一会儿,就1小时!"

如果你是一位经常忽略孩子的父亲,读到这个故事是否有些酸楚?孩子每天眼巴巴地看着你回家,进书房,第二天又出门,而你却一直不知道孩子有这样简单的需求,真是伤透了孩子的心!

忙其实不是借口。美国前总统奥巴马,即便是在最紧张的总统竞选期间,也从不忘记腾出时间陪陪两个女儿,并且竞选一结束,他就去参加了女儿的家长会。

因此不管你是谁,如果你有孩子,你的身份首先应该是孩子的家长!是父亲!所以无论你有多充分的理由、多好的借口,都必须抽点时间陪孩子玩玩,这与"挣钱养家"一样,都应责无旁贷。而能否腾出陪孩子玩的时间,与其说是时间的问题,不如说是责任心的问题。

父亲陪孩子玩,还是一个明智的教育策略。因为游戏有好有坏,许多时候,孩子喜欢和小伙伴们一起玩,但他们还不会区分哪些游戏可以玩,哪些游戏不可以玩。如果有父亲的陪同，他就能在孩子的游戏中进行区分、回应。区分就是训练孩子分辨哪些游戏具有危险性，哪些游戏需要在大人的陪同下才能玩，而哪些游戏可以自由地玩；回应就是及时对孩子的游戏作出评价，让孩子清楚自己在游戏中的状态以及存在的问题，例如孩子在和伙伴的游戏中偶尔有打人的行为，这个行为就需要父亲及时指出，才能让孩子做出改正。

多多喜欢在周末邀请邻居小朋友来家里玩，有时候他们玩过家家的游戏，有时候比赛叠积木等，都是孩子常见的游戏。可有一天，我发现孩子们在"舞刀弄枪"地扮演武侠人物，两个孩子拿着半尺来长的棍子你一剑我一刀的，看得我惊心动魄。我没有生气地去喝止他们，而是悄悄地在旁边观察了一下，看到邻居小朋友用棍子啪地敲了一下多多的头，多多疼得龇牙咧嘴，但马上反击，趁伙伴不留意，捅了一下他的屁股，事态越发紧张，我还是没有介入。我想看看他们如何收场，结果两个孩子打得越来越激烈，最后我不得不中断他们的"打斗"。

我摸了摸多多的头和小伙伴的屁股，说："疼不疼？"两个小鬼头都哭丧着脸说"疼死了"，我又继续问道："既然玩这种游戏会疼，为什么你们还玩？"他们说："看到动画片里的人打得很好玩，就想试一下。"我又说道："动画片里的人是假的，他们被打是不会疼的，而你们这样玩，被打了是会疼的。你们说打人对不对？被打了你们开不开心？万一下次戳到眼睛，眼睛瞎了你们怎么办？"一连串的问题让孩子们都答不上来，最后我强调说，无论如何，像这样的会伤害到人的游戏是很危险的，绝对不能玩。

自此，孩子们再没有玩过类似的游戏，甚至他们在做游戏的时候会首先考虑玩这个游戏会不会危险，一旦觉得会有伤害到别人的危险性，孩子会自动放弃玩这种游戏，这与之前盲目地玩有了很大的改变。包括对游戏的选择，对游戏的策略方面，相信孩子在自己的心里已经形成了一套甄别游戏的标准，对比从前，孩子能理智地玩游戏，这也是孩子超越了自我的一个具体体现。

04 作为教练的父亲要首先完成自我超越

> 在追求绩效的同时也追求人才的成长。也就是说，你不仅要让你的训练者发挥他已有的水平，更要挖掘他潜在的能力，让他达到自我超越。

前面说过，父亲在教育孩子的时候，是以教练的角色存在的，实际上，教练同时又如一位管理者一样，他管理训练者的训练计划，管理训练者的情绪，也管理训练者的成绩等，全方位地参与到训练者实际的活动中来。好比我在公司是一个实际的管理者、决策者，在管理职员的时候，我就是他们的教练，作为教练就需要挑选有潜质的训练者。

然而如何帮助你的训练者实现自我超越？相信这是许多即将成为"教练"角色的父亲感兴趣的话题。我首先要提出的一个观点，就是作为教练的父亲要首先完成自我超越，这样才有可能带动训练者超越。那父亲教练该怎么去做？

1. 具有改变训练者自我形象定位的能力

我们每个人都有一个自我形象定位，它告诉我们自己是谁，具备哪些能力。而我们对自我形象的认识分肯定、否定和疑惑三种态度，即这是我会做的，这是我不会做的，这我会做吗。

当我们做的事符合自我形象定位时，我们会持肯定态度，否则，我们会感到疑惑，否定并抗拒自我形象的改变，不管这种改变来源于外界压力还是意识上的自我期待。

比如，在教育孩子的时候，我让5岁的孩子去小区的小卖铺打酱油（这是他从来没有经历过的事情），孩子会感到疑惑："爸爸，我行吗？我没有做过呢！"当然，迫于命令他会去尝试，如果不成功，他会自我肯定："我本来就没打过酱油，根本不具备这个能力。"如果成功了，他也许会认为，原来他可以独自外出买东西。但是这一次的成功经验还不足以让孩子改变自我形象的定位，我会多让孩子外出做同类的事情，比如，买盐、买苹果，给邻居送某样东西等，路程一次比一次远，当然，为了安全起见，我会悄悄地紧跟其后。

2. 不断给孩子挖掘新的目标定位

人才成长的本质其实就是要不断改变和塑造自我形象，孩子的自我超越也是如此。不能让孩子总是认为他只会做已经做过的事情，教练要做的是让孩子不仅改变旧的定位，而且要给孩子新的目标和定位，然后让他习惯新的定位，使孩子从"我只会这些"过渡到"也许我还能会更多"，并最后坚定地认为"其实我也会做更多"，从而实现自我超越的过程。

3. "教练"要突破认识误区

在实际管理实践中，通常管理者（教练）首先会碰到一个误区，那就是通常我们一谈到管理，常常就会不由自主地将焦点锁定在被管理者（训练者）身上，而以为与管理者（教练）自身无关，我们在被管理者（训练者）身上花的时间通常远远大于管理者（教练）花在自身上的时间，这是许多管理（训练）成效不大的重要原因之一。其实某种意义上来说，要实现团队（教练和训练者实际上是一个团队）的自我超越，团队的领导者（教练）的自我超越是必不可少的一个环节。

教练要把眼光拉回来，对准自己，审视自己内心对训练者的评估，也就是审视孩子在你心中的形象定位。如果你认为你对孩子的评估是基本准确的，那么，为了帮助孩子改变形象，从现在开始你必须提高孩子在你心中的形象定位，把你希望的形象放在心上，并逐步替换原有的形象。因此，你首先要实现自我超越。

为什么要这样做呢？

其实人能否改变，不仅与自身的愿望有关，亦与周围的环境息息相关，因此有"近朱者赤，近墨者黑"之说。美国著名作家吉姆·史都瓦也说过："有时候，我们对自己的能力深信不疑，仅仅是因为有人相信我们可以做得到。"

在教育的过程中，通常教练对孩子的评价是一个非常重要的因素，孩子也需要积极的肯定和评价，这能在孩子的心理上起到一个积极暗示的作用，当你对孩子坚信不疑，孩子会拿出百分之百的努力来向你证明你没看错他。道理就这么简单，投桃报李而已。

05 允许他去做一些没有多大意义的事情

> 有时，为了鼓励孩子去尝试，以实现自我超越，作为教练的父亲甚至可以让他做一些孩子认为重要，而实际在你看来没有多少意义的事情。

去年春季，公司举行了一个礼品产品创意大赛，产品的创意本是设计部的事情，现在号召公司所有员工参加，没有设定任何要求，鼓励员工自由发挥。所有员工都很踊跃，最后创意千奇百怪，有人做出了用来盛汤的马桶汤盘，有人提出用裸体挂件去吸引顾客的目光，等等。这些设计很有创意，而且新奇，但是要估计顾客的心理承受能力，公司当然不会贸然采用，可是该给员工的肯定还是要给的，该评的创意奖也一一颁发。

实际上，在这次比赛中，许多员工做的都是无用功，这只是我给他们创造的一个发泄幻想的机会（平时大家多有对公司产品的设计不满）。在公司管理中，所有的员工也需要这样的肯定，哪怕是一句话，拍一下肩膀，他都感觉自己的价值得到了同事或者上司的认同，工作会更有干劲。日本企业普遍实行的提案改善制度其实并不是真的想借此带给企业多大效益——效益高低更多还是取决于经营管理层，而是想用这种方式调动员工参与管理的热情，让他们获得公司的认可："你不是一个可有可无的人，你的知识和技能能够对公司有所贡献！"这在心理学上是一种"回应"行为，它包含对一个人的评价和反馈，公司应用这一机制多是为了增强员工的归属感，提升积极性，让他们最终为公司创造效益。

"回应"在教育中是教练的一项技能，它主要的作用就存在于评价中，正确的评价犹如一面镜子，它能照出孩子存在的问题，当孩子看清自己的问题，有机会改正错误，从而比以前做得更好，实现自我超越。

有个朋友跟我说，他的小孩喜欢写写画画，好不容易画了一张画或做了一个手工，跑过来拿给他看，他经常觉得孩子那是不务正业，他只希望孩子专心把英文练好，将来好送孩子出国。对此，他常常跟孩子说："到一边去，没看见我正忙着吗？"几次之后，孩子再也没拿给父亲看了，甚至失去了画画或做手工的兴趣。

是什么让孩子不再画画和做手工？是父亲消极的回应。其实我很理解这个孩子的想法，他这样做并不是想家长给予他什么物质奖励，而是想得到肯定："你做得真棒！"或者"如果你给房子涂上明亮一点的颜色，相信会更好看点"之类的指导，这些积极的回应会让孩子清楚自己的画和手工做得好不好。

画画和做手工是孩子玩乐的一种方式。它让孩子觉得有趣，是组成孩子生活的一部分。我的朋友应该允许他的孩子做一点这样的事情，即使在他看来，这样的事情对孩子毫无帮助。

从以上的阐述看来，每一个人的成长都是要付出代价的，你不能指望你付出多少就一定会收获多少，"白费力气"的事情会经常发生在你的生活中。每个运动教练都知道，在训练者真正在大赛中拿到好名次之前，他和他的训练者都会做很多看似毫无意义的训练，其实，那是一个量在增加的过程，是在为质变做准备。古人也说"勿以善小而不为"，只要坚持不懈地去做一件事，积小为大，积少成多，最后孩子就会走上自我超越的正道。

06 饲养宠物有利于培养责任感和爱心

> 父母都希望把自己的孩子培养成为一位有责任心和有爱心的社会人,让孩子与小动物交朋友就是一个良好的途径。

小孩子天然对动物就有一种亲近感。很多孩子都容易跟自己饲养的小动物建立起深厚的感情。他们不只是把动物看作自己的玩伴,更多时候是把它们当作一个需要自己关心和照顾的朋友,他们亲密无间,彼此依赖。

多多5岁的时候,我给他买了第一个宠物——寄居蟹。当然,这是孩子自己选择的。买回来以后,多多每天都会时不时去看它,给它喂食。通过观察寄居蟹每两周一次的换壳,引发了多多许多关于自然科学的问题,如果我解决不了,我就和他一起到书上或者到网上寻找答案。多多6岁生日时,他想拥有一条小狗,我就送给他一只吉娃娃。我听说小猫小狗能给孩子以人类无法给予的绝对丰厚的爱。事实如此,多多很喜欢这只小狗,他真心把小狗当作家庭的一员,从来不会打小狗,如果别人想捏捏小狗的肚皮,多多都心疼得不得了。后来,小狗死了,多多哭得很伤心,我们告诉他小狗已经不在了,它上了天堂。虽然那是一个不愉快的经历,但从此多多知道人和动物一样,有生与死的过程。

养宠物可以给孩子营造轻松的成长氛围,而且也算是给孩子找了个玩伴,让他们的心灵有所寄托。有些动物养起来不会很费神,所以在成员都很繁忙的家庭也可以养。比如,小鱼和寄居蟹养起来就很轻松,也不需要孩子悉心照顾,

为父之道：影响彼此一生的父子关系

比较适合 5 岁以下的孩子饲养，小狗小猫最好等孩子满 5 岁后再养，因为在这之前，孩子也许还无法理解动物也有感觉，容易轻易动手打或者做其他伤害动物的事。如果家长不愿意养宠物的理由是怕脏，那么可以让孩子养一些"干净"的小宠物，像鸟、乌龟、金鱼之类的。

养个宠物陪孩子未尝不可。如果能有那么个小动物陪伴他，可以从一定程度减轻孩子内心的孤独感、抑郁感、焦虑感等。

总的来说，孩子养宠物的好处很多，可以培养他们以下几种能力：

（1）宠物提供了让孩子接触自然的机会，并了解到生物是如何成长、繁衍的，养宠物可以让孩子学会尊重其他生命。在学会照顾小动物的同时，孩子也学会了关爱他人，这培养了孩子的爱心。

（2）激发责任感。除了把宠物作为玩伴外，孩子还会参与日常的照顾与清理工作中，这促成了他的参与感，培养了他的责任心，也更能使他体会到饲养宠物的甘苦，同时也让孩子了解到父母养育孩子的不易。

（3）生命教育。在对待宠物生命的问题上，对孩子来说，是一个挫折教育的训练过程，家长合理的引导，对孩子的成长很有好处。让孩子从对动物的态度上，学会对人生的态度，学会尊重生命、关爱生命。

另外，值得强调的一点是，父母给孩子买来宠物，目的就是培养孩子的一些能力，如果孩子只是一时兴起，并不能坚持喂养和照顾，最后饲养的任务又落到家长的身上，这样，整个过程就变得毫无意义。所以，怎样让孩子养宠物，需要注意：

（1）尊重孩子养不养的意愿，并不是每个孩子都是喜欢养宠物的。你应该询问清楚孩子的意愿以及想养的是哪种动物，孩子不想养时，千万不要勉强他，否则，世上又会多一只被冷落、被遗弃的动物。

（2）选宠物要符合孩子的性格。不同的宠物，脾气都不一样，家长需要仔细分辨。另外，家长要让孩子意识到，养宠物是为了让孩子体验抚育宠物的过程，是让孩子获得更多的成长机会，要教孩子正确地和宠物相处、交流，最重要的是要让孩子懂得承担责任。

（3）依据孩子的身体素质选择宠物。有的孩子有哮喘病，对猫猫狗狗的毛发过敏，这就不能盲目地让他养有毛发的动物，可以养养乌龟、鱼、寄居蟹等没有毛的动物。

07 经常组织家庭户外活动

> 科学技术日益发展，人与人之间的距离却变得越来越远，孩子每天宅在家里，靠手机、计算机打发时间。没有了户外活动，孩子的身体愈发羸弱；缺少在现实世界中与人沟通交往的机会，孩子的社交圈也越来越小；没有与小伙伴团结协作的经历，孩子的性格愈发冷漠、自私、狭隘……

很多家长都有这样的感受：现在的孩子，与我们小时候不同了。

我们小时候，放学后不喜欢回家，更喜欢在外面与小伙伴一起玩耍；现在的孩子，放学后不喜欢出去，更喜欢待在家里玩手机、玩计算机。

我们小时候，最爱玩的游戏是跳皮筋、跳房子、踢毽子；现在的孩子，最爱玩的游戏是王者荣耀、绝地求生、炉石传说。

我们小时候，都是大人口中不爱回家的"野孩子"；现在的孩子，都是父母眼中不肯出门的"宅男宅女"。

孩子与世界之间隔着一扇并不厚重的门，孩子在门里甘之如饴，世界在门外早已变幻出无数种色彩。而家长，正是那个守门人。

如何帮孩子打开家门，如何让孩子走入外面的世界，去经历风雨，去见识彩虹，这是每一位家长都在思考的问题。

作为爸爸，应该经常组织一些家庭的户外运动，让全家人在更广阔的室外空间，体会玩耍的乐趣。在这个过程当中，既让孩子的身心得到了放松，又让全家人的感情更加亲密。

可是有些爸爸说，我也想让孩子多到户外走走，去旅游，但是我的工作忙，经济条件也有限，无法满足孩子的愿望啊。

其实，这是对户外活动的误解。很多家长提到户外活动，就想到了各种旅游，带着全家去旅游，到名山大川去看风景。这只是户外活动的一种形式。确实，去旅游要乘坐交通工具，要订旅馆，是一笔不小的花费。

不过，还有很多花费不高的户外活动，比如周末带着孩子去爬山，或者带他们到郊区的农田、果园去采摘，吃农家饭，这些都是不需要昂贵支出的。

即使在都市当中，户外活动的项目也很多。比如，全家人到公园去，找个风景优美的草坪，带一些各自喜欢吃的方便食品，谈天说地、打牌、唱歌，也是很经济而且很好的户外活动形式。

爸爸们还可以带着全家去游乐场。父母陪着孩子玩各种游乐项目，孩子也能够从中得到快乐。

所以，爸爸们不要因为经济原因就放弃组织全家人的户外活动计划。只要肯用心，我们即使没有钱也能带给孩子很多快乐。

下面是带孩子参加户外活动的建议，供大家参考。

1. 多带孩子去凑热闹

现在很多城市每年都要举办些大型活动，比如"农博会"、"汽博会"、"食博会"、啤酒节、服装节、艺术节，还有规模很大的书市、文化节等活动，爸爸都可以带上孩子去玩。孩子观赏着"农博会"上各种奇异的农产品，吃着"食博会"上来自全国各地的美食，翻阅着书市上琳琅满目的图书，还能和参加文化节活动的人们一起载歌载舞，我想，他不仅仅获得了快乐，而且收获了书本上学不到的东西。

2. 多带孩子去乡下玩

除了经常参加这样的活动，让孩子在那片天地里玩出个新花样之外，对于出生、成长在城里的孩子来说，乡下是一片神奇的土地。单一的乡村生活和单一的都市生活都是残缺的。从没有都市生活体验的人，视野狭窄、思维简单；而从没有乡村生活体验的人，终日蜗居斗室，或者穿梭在钢筋水泥的丛林中，生活单调而乏味。对于出生、成长于城市的孩子来说，从学校到家里，从家里到学校，单一的生活方式，枯燥的学习内容，无处不在的喧嚣，孩子无法拥有一片纯净的玩耍天地，因为快乐、阳光都被锁在格子间之外，被挡在两点一线之外了。

而乡下有潺潺的溪流，有漫山遍野的花草，有唱歌的小鸟、潜游水中的鱼儿，有不怕被父母呵斥衣服玩脏了，不用赶着去弹钢琴、学美术的质朴孩童，所以孩子到了乡下，他的心会因为天地的广阔而变得无拘无束，会因为天蓝水清和泥土芬芳而变得润朗、有灵性，会因为人的纯情和真善美而越发宁静豁达。

到了周末，不妨带着孩子到乡村，让他光着脚丫在田埂上奔跑，让他在清澈的溪水里嬉戏，让他看看美丽的田园风光，这对他的成长大有裨益。

3. 鼓励孩子到户外玩耍

属于孩子的户外玩耍可谓包罗万象，无所不在。堆沙包、放风筝、溜旱冰、打陀螺、滑雪爬犁等。

户外玩耍对于孩子而言益处更大，不仅对开发智力有好处，而且对孩子身体的健康、视野的开阔都有积极的影响。

第4章

培养孩子完善的心智模式

> 俗话说:"有什么样的思想,就会有什么样的心态;有什么样的心态,就会有什么样的行为;有什么样的行为,就会有什么样的习惯;有什么样的习惯,就会有什么样的命运。"这句话的"中心思想"就是我们平常所说的"心智模式"。换句话说,心智模式是一种思维定式,它像一面透镜,将来自外部的真实信息放大、缩小、过滤、甚至歪曲,形成了我们对世界的认识。如果我们不完善心智模式,那么陈旧的心智模式会变成一个禁锢我们思想的"监狱",让我们保守、片面,甚至错误地看问题。如果坚持培养完善的心智模式,让我们的思维永远朝着创新、系统、全面等方面发展,就可以帮助我们促进完善自我、超越自我。

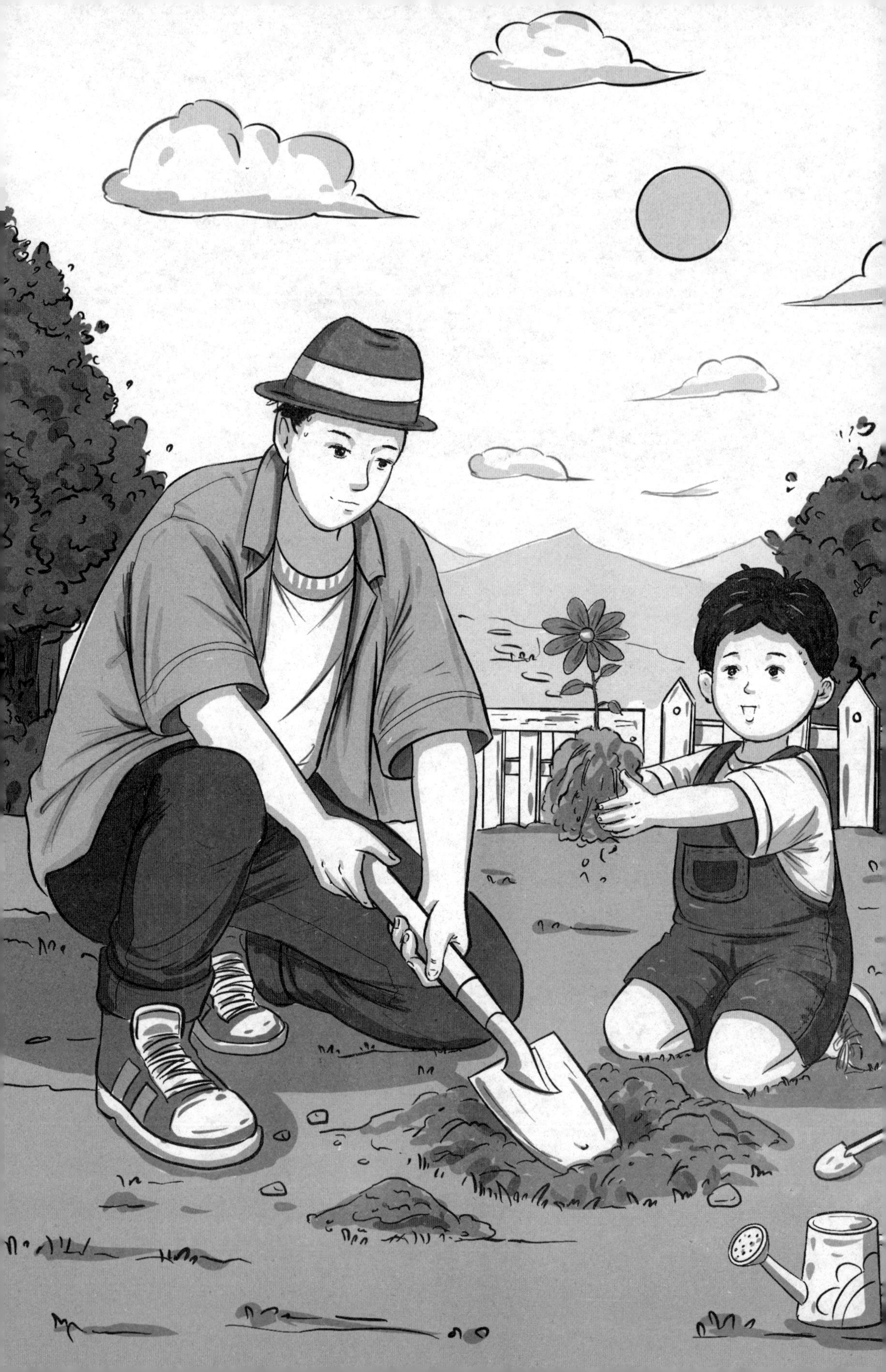

01 孩子的五大心智是什么

> 心智，是心灵与智慧的融会贯通，是浑然天成、无色无味、无形无状的，恰如《老子》对"道"的解释："道可道，非常道；名可名，非常名。"一旦你给它命名，它就失去了它的内涵。

什么是人的心智？从字义上讲，"心"是心脏，也是"内心"即"里面的""内在的"之意。"智"则是"智力""智能"。简而言之，心智是人们的心理与智能的表现。杰出的心理医生 M·斯科特·派克（M.ScottPeck）在他的著作《少有人走的路：心智成熟的旅程》里说，心智成长是一条少有人走的路，这是因为大多数的人不愿面对，有意回避这个棘手的难题，自欺欺人地认为自己没有问题。

也许我们还不能直观地认识心智到底是一种什么东西。我把心智的具体呈现内容分为以下五点，直观形象，方便理解。

1. 头脑和思维

头脑就是我们俗话里称的"思考能力"，它是我们产生思维的物质基础；如果要将它理解为我们生理的存在，我们可以认为头脑就是大脑。头脑也可以理解为我们大脑所产生的意识，或者大脑产生的思维、思想、观点、想象、记忆、情感等。头脑的意思虽然很接近心智，但并不能完全囊括心智的内涵。

因为头脑在不停地思考，也不停地产生思想和思维，这种思维的具体呈现形式就是你对世界的独特的感知和理解。比如，你面临一个问题，你的大脑就需要寻找解决的方案，最后大脑所寻找到的方法就是思维的具体呈现。古语说："业精于勤，荒于嬉；行成于思，毁于随。"由此可看出思考的重要性，它是完善心智的主要方法之一。

2. 意识和潜意识

意识是最接近心智的词语，但意识也是最抽象、最难以理解的词汇。心理学的书里一般都会有一大段内容来试图说明什么是意识，但常常是越描越深，令人摸不着头脑。意识是故作深奥的哲学家为心智套上的一件形而上学的隐形外衣，意识也正反映了心智之深奥、奇妙。

简单地说，意识是心智的旁观者和体验者，是我们对外部世界和自己的思想、感觉、知觉、记忆、想象的观察和体验，而那种我们没有"意识"到的意识，就是"潜意识"，有时称为"无意识"。

如果我们不能开发我们的意识，就会受到潜意识的控制。潜意识有其积极的生理作用：在你睡觉的时候控制你的血液循环、呼吸、消化系统，在你不注意的时候自动驾驶汽车，在你遇到紧急情况时调动你的应激反应机制。

通常，意识是潜意识的制造者。你对什么东西留意多了，就成了潜意识。比如你害怕谎言被揭穿，那么避开眼神对接就成了潜意识动作。但潜意识也反过来影响意识。比如你被火烫过，火会伤人已成为你潜意识的认知，你就不会有意识地再次接触火。同样，如果孩子曾经在运动中受到伤害，他可能就会在潜意识中封闭自己，不敢再接触任何运动，这会对他的身体发展产生很大的制约。

无意识状态可以成为心智成长的契机。比如心理医生就常用催眠和梦的解析来分析病人的真正病因，让病人自我察觉隐藏在潜意识中的心理创伤，从而达到治疗的目的。宗教常用观想和冥想这种唤醒潜意识的技术来揭示真正的自我。因此，可以通过培养自我观察的习惯来唤起自我觉知，识破潜意识的操纵和控制，从而改造我们的潜意识和习惯，摆脱无意识的负面行为，这是心智成长的最有效方法。这是心智成长也常常被称为"意识开发"的原因。

3. 认知、觉知和感知

认知，是心智通过感觉、思维、推理、判断来认识世界，产生独特的觉知和感知的过程。这是心理学家和科学家对心智学习过程的专业称呼。

认知是认识，也称为学习的能力，这种能力让人能够在进化过程中超越其他动物，成为地球的主人。觉知和感知是认知的结果。但觉知更具有正面的意义，表示人的觉悟和知晓；而感知却含有人对世界和他人的主观扭曲的偏见的意思。心理实验证明，如果给自己打分和给别人打分，人总会给自己较高的分数，给别人较低的分数，这就是感知，带有很强的唯心主义色彩。人的意识是主观现实的产物，比较善于用自己的经历、经验、知识来解释所感知的一切，推断事物的结果和动机，这是人的习惯性思维。

心智，随着人的认知能力的提升而进化。心智成长，就是认知不断发展的过程。通过了解认知的过程，不断培养自我知觉，不断修正自我的感知，去认识世界和自我的真正面目，是心智成长的必由之路。

4. 心、心灵和精神

古代人认为思想源于大脑，而我们的情绪发自于心，故称情绪为心情，一个人说"你心情如何"并非空穴来风。常有人在实施心脏移植手术后产生情绪和情感的变化，好像手术把心脏捐献者的情感也移植了过来。

情绪是思想的能量，所以心是心智的发电机。良心、狼心狗肺、坏心眼，是我们对心智发出积极能量和触发负面行为的描述。拥有情绪和思想是人与大多数动物的主要区别，用代表情感的"心"和代表思维的"智"来概括人的高级意识显得比较全面，但仍然不足以表达人的心智的神秘、隽永和力量，所以又出现了"心灵"和"灵魂"。

心灵常用来表示心智的精神、灵性的一面，人本主义心理学家马斯洛晚年认为，人的最高需求不是自我实现，而是精神的超越。是啊，如果人不能实现精神超越，那么自我实现又有什么意义呢？因为人的生命是有限的，没有精神追求作为自我实现的升华，自我实现将随着生命的终结而失去价值。微软公司创始人比尔·盖茨和股神巴菲特的自我实现和精神成长之路，就是对马斯洛的结论的最好注解。

心智的体验是自我的独特体验，很难向别人表达得很准确，就如中国古语所说：只可意会不可言传。佛祖释迦牟尼在选择继承人时只是无声地举着一朵莲花，察看众弟子的反应，这就是心灵的独特体验的典型例子。实际上，精神上的自我发现，心灵的自我完善，是心智实行自我超越的一个旅程。

5. 智力和智慧

心智中的智代表智力和智慧，但智力不等于智慧。一个智力很高的人不一定拥有智慧，而拥有智慧也不一定需要很高的智商。智力是我们学习和应用所学知识的能力，而智慧是我们认识世界的洞察力和鉴别力，即知道什么是真实的、正确的、持续的和有意义的能力。

心智成长不但需要开发我们的智力，更重要的是要增强我们的智慧，让我们在生命的旅途中能够做出正确的选择和抉择，实现真正的成功和幸福。就如智力很难准确科学地被测量，所以世界上也没有绝对的智慧，只有绝对的体验。我的智慧给了你，不一定管用，你的智慧我拿来也不一定有效。自我体验，是心智成长的唯一试金石。

02 心智模式对人的影响

> 心智模式的观念由来已久,这个名词是由苏格兰心理学家克雷克在1940年创造出来的。这个名词从那时候开始便被认知心理学家和认知科学家采用,并逐渐成为商界和教育界常用的名词。

所谓"心智模式",是人们在成长的过程中受成长环境、教育背景、生活经历的影响,而逐渐形成的一套思维、行为的模式。其实质就是一个人的思维方法、思考方式和思想观念,是一种隐含很深的心理活动和思维活动。这些活动经常是习而不察,甚至是与生俱来的,但它却无时不在,并且直接或间接地影响着你对他人、对周围事物、对世界以及对自己的看法。中国古语"仁者见仁,智者见智"就是指同样的人和事,用不同的心智模式去观察和对待,结果常常会大相径庭。

《第五项修炼》的作者彼得·圣吉对心智模式是这样分析的:"心智模式是深植于我们心灵之中,关于我们自己、别人、组织以及世界每个层面的形象、假设和故事。正如一块玻璃微妙地扭曲了我们的视野一样,心智模式也决定了我们对世界的看法。"

在人的众多的潜能开发中,完善心智模式是一项非常重要但十分艰难的修炼。俗话说:"江山易改,本性难移。"对一个思想观念、行为习惯都已经定型的成年人来讲,改变旧习惯尤其是改变心态绝不是一件容易的事。因此,完善心智模式的任务,必须从幼时就要开始。

为父之道：影响彼此一生的父子关系

来看一个充满智慧的小故事。

雨后，一只小蜘蛛很艰难地向墙上支离破碎的网爬去，由于墙壁潮湿，它爬到一定的高度，就会掉下来，但是它还是一次次地向上爬，尽管又一次次地掉下来……

第一个人经过看到了，幽幽地叹了一口气，自言自语地说："我的一生不正如这只蜘蛛吗？终日忙碌却无所得。"于是，他日渐消沉。

第二个人经过看到了，他说："这只蜘蛛真是愚蠢，为什么不从旁边干燥的地方绕一下再爬上去？我以后可不能像蜘蛛那样愚蠢。"于是，他变得聪明起来，看事情不再往牛角尖里钻。

第三个人经过看到了，他被蜘蛛屡败屡战的精神所感动。于是，他变得坚强起来，并且愿意重新面对他最害怕的挑战。

为什么三个人在观察了同一事情后，看法不一致，心理反应不一致，采取的决策不一致，最后的行动也不一致？究其原因，主要是因为他们的心智模式不同。

前面提过，我们的心智模式不仅决定我们如何认知周围世界，而且影响我们如何采取行动。由这个故事我们可以看到：不同的心智模式，对问题的判断会大相径庭；不同的人即使在面对同一种客观事实时，由于认知角度不同，思考问题的路径不同，心理最初产生的应激反应不同，进而得出的结论也会不同，最后表现在行动层面上，就产生了更明显化的差异。

在上述故事中，选择"什么都不做"的人，用心理学解释就是他在心理假设阶段就步入了消极、逃避的心态，最终成为一个消极避世的人；认为"只要坚韧不拔，就能够成功"的人，思维多是纵向的、逻辑性的，倾向于聚焦于某一点，坚持不懈，不断增加努力程度，重在"持之以恒"，"苦干到底"；认为"只要不断改变，就能够成功"的人，则更善于平面思维法，偏向于运用多种思路进行思考，不断探索其他方法的可能性，重在"及时转变"，"灵活巧干"。比如在一个地方打井，如果总打不出水来，按纵向思考的方法，就会认为井打得不够深，自己的努力程度不够；而按平面思维法来思考，则会考虑很可能是打井的地方选择得不对，或许这里根本就没有水，或许需要打得很深很深才能挖到水，所以与其在这样一个地方努力，不如另寻一个更容易出水的地方打井。

由此可见，健康的心智模式与思维方式是息息相关的，而思维方式是可以通过引导、培训、练习来培养的。如果父亲希望孩子能够独立自主，那么他首先要向孩子灌输"自己的事情自己做才是好孩子"等类似的，具有鼓励、赞许意味的理念，也应从思维方式方面训练孩子，使他在面对各种问题时学会进行正确的假设，"我如果每天坚持自己收拾房间，我学会的东西会不会更多？""如果换个方法来做，会不会更有效率？"在这种积极的信念支持下，孩子就会主动去尝试新的行为方式，这对完善孩子的心智模式非常有好处。

03 五大标准判断孩子的心智是否成熟

> 判断一个孩子的心智是否成熟，不是靠推测，也不是靠以偏概全的定断，而是靠一套判断标准。

曾有人列出评判一个人心智成熟的五大标准，在此基础上，我总结出判断孩子心智成熟的五大标准。

1.孩子的心智成熟与否，一个首要标志就是他能不能正确地认识自我。比如，孩子对自己的能力判断是否属实，如果他可以做一些家务活，但是他自认为不可以；又或者反过来，他不行却偏偏逞能，这都是不能正确认识自我的情况。在现实生活中，孩子心智成熟在自我认知上的表现应该包括自我定位、自我能力鉴定，即如何选择模仿的榜样、自己解决问题、自我帮助的能力、对诱惑的抵抗能力等。

2.正确应对挫折是人心智成熟的第二个标志。3岁至12岁的儿童，能否基本控制自己的行为，如能否抵抗诱惑，调节作息时间等，是判断其心智是否成熟的依据。在日常生活中，孩子都会面临金钱等各种诱惑，面临追求理想时遭遇挫折的焦虑和人际关系不和谐的痛苦等许多现实问题。这时，心智成熟的孩子和不成熟的孩子在自控力上表现出很明显的差异。如果把遭遇挫折比作面对一堵墙，心智不成熟的孩子的态度是焦虑的，会抱怨命运不公等，而心智成熟的孩子则会找梯子翻过这堵墙，或绕过这堵墙。

3.正确认识他人是心智成熟的第三个标志。如何正确认识他人呢？要认识他人的角色，避免误会；认识他人品行，把好友谊关，避免受骗上当；认识他人的优势，取人之长，补己之短，保持良好心态，使自我发展更有效。具体表现在孩子是否能基本了解他人的情绪，比如妈妈伤心了、小伙伴很难受，他能知道吗？如果他将来与人相处，能知道别人的情绪在变化，他就能够顾及别人感受，调整自我行为，如果他没有反应，会令人觉得他不通情理、冷漠、情商低；当他懂得与同伴建立稳定的人际关系，交到几个稳定的朋友，并知道合作、分享，这能为他将来的团队意识、社会交往打下基础。

4. 判断孩子心智是否成熟的第四个标志是看他是否用积极的心态面对生活和社会。一个孩子是否主动发展自己、接受家庭和学校的各种规则的约束，即使一时受到批评或者遭到挫折，他也不会太在意，并且乐观面对，积极调整心态，也是衡量一个孩子心智是否成熟的重要标志。

5. 判断孩子心智是否成熟的第五个标志是孩子有没有自己的理想和目标。也许孩子还不懂得理想的意义，但是起码让他在父母的引导和学校的教育之下明白自己想干什么、能干什么，在心里形成一个兴趣爱好的方向，很有可能这就是他的理想开端。

以下是一个判断孩子心智是否成熟的小测试，这个计分表包括八项内容，孩子可以就每一个问题作"是"或"否"的回答。

（1）孩子是否经常大发脾气，气得跺脚，随意摔或踢东西？

（2）孩子是否会懂得为别人着想？

（3）孩子是否喜欢在背后说别人的坏话？

（4）孩子是否总是固执己见、自以为是，别人如果不依，便会大发雷霆？

（5）孩子是否出现分离焦虑现象？

（6）孩子是否做每件事都很认真并且尽自己最大的努力去做？

（7）孩子对于某些无法避免的事是否能宽容平和地接受？

（8）孩子是否有积极的信念来面对将来会遇到的困难，而不是经常消极地自我暗示，如"完了，我怎么办"等？

如果孩子对1、3、4、5等四个题目回答"是"的话，表明他是个心智仍然不成熟的人。对2、6、7、8等四个题目回答"是"的话，则显示他已经拥有初步的思考能力和判决能力，这相对来说是一种成熟的标志。

04 培养成熟心智还是培养高分机器？

> 心智成熟的孩子能自己面对任何困难，能够离开父母的怀抱去任何一个他想要去的地方，去实现他的梦想，完成他的人生。还有比这更美好的事情吗？还有比这更值得骄傲的事情吗？我相信没有。

我的一个朋友，他的儿子从小到大，成绩都特别好。老师喜欢他，同学们也羡慕他。父母为了让他安心读书，从来不让他插手做任何事情。儿子也很"争气"，一直埋头苦读，很少参加学习以外的活动。高中毕业后，他考入北京某名牌大学。大学里，儿子依然保持着好成绩。大学毕业了，踌躇满志的他来到一家公司，敲响了经理办公室的门。在随后的笔试中，他很快就答完了。轮到面试时，当经理请他谈一谈对公司运营的想法时，他竟红着脸，半天说不出话来。最后，经理很抱歉地对他说："我们不需要一个只有漂亮分数的人。"

孩子遭遇到这样的打击，朋友一直不明白，那么优秀的孩子为什么会有这样的结果。

中国的应试教育让分数成为学生的命根，成为家长和老师的法宝。现在，家长关注的焦点多集中在"孩子考了多少分？""掌握了多少知识？"上，忽视了"孩子学会的知识知道怎样运用吗？""孩子知道在某种情况下应该用什么办法解决问题吗？""孩子懂得怎样触类旁通，举一反三吗？"这些实质性的问题。

其实，分数只是形式和手段，它不能证明孩子真正学到了多少知识，也不能证明一个孩子的品格与才能。它不是衡量孩子聪明与否的唯一标准，也并不能完全真实地反映一个孩子的能力。五大心智里提到的"认知"就是学习能力，家长应该重视孩子学习能力的培养，而不要老盯着考试成绩。一个学习成绩好的孩子不一定有很好的学习能力，但一个有很好学习能力的孩子一定会有好的学习成绩，而且，拥有这一能力可以为他的长期发展打下良好的基础。

由此可以思考，你是想培养一个心智成熟的孩子还是一个只懂得考试的高分机器？也许有些家长还是觉得不妥：一个成绩差的孩子怎么会有出息？其实不然，历史上成绩很差但成就很大的名人比比皆是。

绘画天才毕加索在小时候经常搞不懂诸如"二加一等于几"的问题。为此，他成了同学们捉弄的对象，就连老师也认为这孩子智力低下，根本没法教；鲁迅在东京学医的时候，最好的成绩是丙，还有丁，丙相当于我们现在的百分制下的60多分；新东方教育的创始人俞敏洪第一次参加高考时，他的英语只考了33分，随后，他参加了三次高考才考上大学……

看，这些人的成绩可以用惨不忍睹来形容，但是如果你仅仅将眼光停留于孩子的成绩或者老师的评语上，那么你可能就忽视了孩子其他方面的潜能以及心智的培养。相反，父母如更用心培养孩子各方面的品格、潜能，孩子往往会更有成就。就像主持人杨澜说过的一句话："你可以不成功，但是不可以不成长。"而我要说，一个心智健全的孩子在成长路上所获得的快乐，远远比只会考高分的孩子要多得多。

05 未来属于心智成熟者

> 2010年,深圳富士康集团"十连跳"事件轰动整个中国,乃至整个世界。这个事件揭示的不仅是企业管理方式的不科学,而且还警示我们:现在的孩子心智是非常不成熟的,心理承受能力很弱,而这一切的根源都在于教育。

"十连跳"后,富士康吸取了教训,后来再招聘员工的时候,就强调:"最重要的条件就是心智成熟!"其实不但富士康对员工有这样的需求,现在企业管理者越来越重视员工的心理素质以及工作能力,不再像过去那样,只看重成绩和文凭,教育专家甚至发出这样的呼声:"未来属于心智成熟者。"专家们还提出:"培育孩子的心智必须从幼儿时期开始。"

在给多多找幼儿园的时候,我到了一所幼儿园,立刻被幼儿园里的墙壁吸引住了。我在这里真正感受到了苏联教育家苏霍姆林斯基所说的"让每一面墙壁都会说话"。我不仅看见了充满童趣的墙壁,还看见了充满童趣的楼梯、走廊、草坪……这让我感觉整个幼儿园里都流淌着一种儿童的语言。作为一个对幼儿园教育了解很浅的家长,我更多的是对这种环境所传达的尊重孩子的人本情怀而激动不已。当我听了他们的课程,我更加坚定了把多多送到这所幼儿园的想法。因为这里的老师工作热情很高,他们是真诚地对待每一个孩子,没有漫不经心地回应,没有毫不理睬,也没有大声呵斥,他们的主要任务不仅是传授给孩子生活中最基本的行为规则,还为孩子思想的发育提供环境,让孩子们学会独立思考，让教室里充满孩子们的想法。

都说幼儿教育是一切教育的基石，如果孩子在幼儿园没有得到一个适合发展心智的环境，那么仅靠家庭中父母的教育，那取得的成效是不会太牢固的，毕竟学龄期，老师给孩子的影响是非常大的，有的孩子甚至迷信老师，老师的教育比父母的话管用。营养学家告诉我们一个道理，一棵树的发展取决于它在哪里种植和生长。同样地，孩子的潜力来自他成长的社会、家庭，来自于照看他的成人所树立的榜样。因此，你应该给孩子选择一所好的幼儿园，所谓的"好"，不是靠学费的多少来判断，而是由教育的态度和质量来决定。

"未来属于心智成熟者"不是夸大其词，如今，孩子因为心智不成熟引发的恶性事件频频见于报端：一位19岁的少年小宇从加拿大被遣返北京，他被遣返回国的原因是沉溺赌博、荒废学业，在校出勤率连最低要求50%都没有达到，从而被移民局注销签证；一名不满15岁的中学生小博因为伙同社会青年抢劫出租车司机，被判刑5年；一个18岁的花季少女误交朋友染上毒瘾，等等，这些案例的发生都在暗示家长们：如果孩子心智不成熟，他是不能对自己负责的，更不能对社会负责。

家长如果是为孩子的前途担忧，不妨从亲子教育开始，努力完善孩子的心智模式，发展他各方面的能力。当他学会独立思考，能够判断是非，养成坚强、负责、认真等品格，发展了社交以及生活自理等能力后，你再尝试让他走自主发展的道路，相信会顺畅很多，孩子的未来也就更容易把握，那么，未来一定是属于他的。

06 积极回应孩子，多和孩子对话

> 孩子从呱呱坠地那天起就对世界充满好奇，随着身体的发育，他在婴儿期就懂得不断挥动手脚，这其实也是他的语言。因此，作为父亲的你要站在满足孩子求知欲的角度，即使他只是在使用肢体语言，你也要积极回应孩子，你的一举一动都是对孩子的一种引导，它能让孩子找准自己在世界中的定位，肯定自我，认识自我，这是心智成熟的第一标志。

积极回应孩子，多和孩子对话，可以开发孩子的语言系统。语言也是智力发展的重要标志之一。一般语言表达能力强的孩子理解力强，更加自信，在以后的社会交往中也会更受欢迎。和孩子进行语言沟通，并不需要你做特别多的事情，不需要你每天抽出固定的时间认认真真地和孩子"对话"，只需要你在日常空闲时去聆听和发问，需要你发挥作为教练的擅长的技巧。很多情况下，孩子会不定时地发问或者自言自语。这时候，千万不要以为孩子不需要回应，又或者认为孩子的自言自语完全是一种天性使然。其实，有的时候孩子自言自语，是因为没有人回应他，他才被迫自己给自己回答。

邻家有一个孩子，5岁了还经常哭闹，有时是因为买的零食不喜欢，有时是不愿意去幼儿园（在幼儿园很少说话，和小伙伴的关系不好），甚至有时玩着玩着没人理，他就自己大哭起来，一家人都用尽了方法，都没办法结束这种

为父之道：影响彼此一生的父子关系

局面。最后，家长去咨询儿童心理专家，专家尝试和孩子沟通，起初孩子很少说话，但是经过专家的一步步引导，孩子慢慢地话多起来，并且给专家讲起了托马斯的故事。专家问孩子，你讲得真好，你经常给别人讲故事吗？孩子一脸的不高兴，说："爸爸妈妈很忙，没有时间听我说话，奶奶和我出去玩都是和别人聊天，在幼儿园，大家也不喜欢和我说话。"孩子这样一说，专家就明白了孩子的症结所在，于是他给了这样一个方法：积极回应孩子，多与他对话。结果，孩子得到关注后，表达的欲望也充分得到释放，亲子之间的沟通增多了，父母了解到孩子的想法，并且尽量和孩子一起解决问题，孩子就很少哭闹了。

因为孩子的心智不成熟，在这个世界还找不准定位，他希望通过和父母交谈和提问来获得他想要的信息，这就是为什么很多孩子都喜欢问"为什么"的原因，孩子需要你的答案来修正或者指导自己的行为思想，来达到正确的自我认识、自我定位以及自我帮助等。根据孩子的需求，你首先要抱着一个积极的心态面对孩子的每次发问，如果你正在忙，你可以和他约定一个时间再告诉他，或者给他指出一个方法，让他自己去寻找答案……

以下是一些"对话"小贴士，希望对你有帮助。

（1）和孩子说话，要看着他的眼睛，这能让他感受到你正在认真聆听他的话语。

（2）你向他发问时，一次只问一个问题，而且问得越具体越好。

（3）要在情景中和孩子说话，这样他才能更好地理解。

（4）当孩子自言自语时，你一定要及时接话回应，这会让他"说话"的兴趣大增。

（5）多用肢体语言，孩子喜欢看着你一边说话一边做动作的样子，这会让他觉得很有趣，不自觉地发展了他的肢体语言。

（6）变换各种表情和孩子对话，因为孩子通常是通过看爸爸妈妈说话时的表情来学习说话的。

07 教会孩子在挫折中完善心智

> 心智成熟的第二个标准就是能正确应对挫折。现在有些孩子从小在包围和呵护下长大,从来没有遭受过挫折,"正确应对挫折"从何谈起?有研究表明,中国孩子的抗挫折能力越来越低,这不仅是教育的失误,还是儿童心智完善过程的一大障碍。

三只小狐狸长大了,有一天,狐狸的爸爸像往常一样领着孩子们走向了草原的深处。当小狐狸正玩得高兴的时候,狐狸爸爸转身飞奔走了,剩下的小狐狸不知道回家的路。太阳落下了西山,夜幕悄悄降临,三只小狐狸以为爸爸抛弃了它们,都伤心地哭了起来,它们哪里知道,狐狸爸爸这样做是为了让他们遭受一些挫折,以训练它们独立生存的本领。

动物都懂得让孩子自立更生,我们的父母却忽略了。在整个世界的各物种里,只有人类会对"子女"保护过度,常常代替孩子做原本孩子该做的事情。更可怕的是,父母还认为,这是对孩子好,恰恰是因为父母的这种"好",让孩子丧失了应对挫折的经验,而这种危害通常在孩子上中学或者大学以后才凸显出来——孩子因生活无法自理而要带着妈妈上学,孩子面对失败产生自杀的念头,孩子无法越过困难的鸿沟……从孩子的这些行为来看,他的心智肯定是不成熟的。

为父之道：影响彼此一生的父子关系

冉冉今年上小学一年级，每天早上，爸爸送他上学，每次一看到冉冉系鞋带费劲的样子，就赶快过去帮忙。后来，爸爸为了节省时间，干脆直接就帮冉冉系鞋带了。但是一个傍晚，爸爸去学校接冉冉，老远就看见冉冉的脑门上有一个大包。原来，在今天的活动课上，冉冉的鞋带开了，自己系好之后，一走路就摔了一个大跟头。其实，是冉冉不小心把两只鞋的鞋带系在一起了。

当冉冉的爸爸了解了事情的原委后，恍然大悟：孩子始终要自己面对生活的种种境遇，哪怕是系鞋带这样的小事，做爸爸的也不能一味包办代替。

要想让孩子有能力处理生活中的任何问题，就一定要放手让孩子锻炼成长。因为"包办代替"只能解一时之渴，只有孩子自身强大才是解决问题的根本，同时，这也是训练孩子发展其他能力的基础。

如果父母总是害怕孩子累着，而替孩子做了孩子自己该做的事情，总有一天，孩子会因没有能力做自己该做的事情，而受更大的累和更大的苦。因此，请父母们想想，你是愿意现在替孩子做事，让孩子将来受苦吗？还是愿意现在放手让孩子锻炼，以便孩子将来不受苦？

相信任何父母都会选择后者，那么，父母在平时就要试着这样做。

1. 正视孩子的能力

父母之所以会包办代替孩子的事情，多半是因为看到孩子做事太费力费时，不如自己三下五除二地做完了事。父母的这种想法是不正确的。因为，孩子年龄小、力气小，在父母看来很简单的事情，在孩子看来并不容易，只要孩子能够独立完成或者在父母的协助下完成一件事，对孩子而言就是新的尝试和突破，而父母"好心"的包办就等于让孩子失去自我认知和自我肯定的机会。

所以，当父母正视孩子的能力，不再替孩子包办的时候，孩子的动手能力和自信心就会大幅提升。因此，当父母再次看到孩子吃力地做一件"很容易"的事情的时候，请不要赶快"帮忙"，而应站在一旁静静地观察。此时，父母的举动就是在肯定孩子的能力。

2. 鼓励孩子做力所能及的事情

孩子成长到不同的年龄阶段，就会有能力做不同的事情。比如，年纪小的时候，孩子会尝试着穿衣服、系鞋带、洗脸、刷牙；等长大一些，可能会想尝试着叠被子、擦桌子、扫地；等再长大一些，还会试着洗衣服、烧开水、整理房间……

总之，孩子的年龄不同，能做的事情的难易程度也不同。父母一定要鼓励孩子去做力所能及的事情，哪怕孩子一开始做得不好，甚至因此闯祸，父母都要肯定孩子的行为。因为，孩子也在借此机会了解自己、认识自己。父母的肯定和鼓励会让孩子愿意去尝试、去提升。

3. 手把手地教孩子做事

在孩子一开始尝试自己力所能及的事情之初，父母一定不能忽视一个环节——手把手地教会孩子。有些三十多岁的成年人居然不懂得如何把碗洗干净，原来，是三十多年来从来没有人手把手地教他洗碗的步骤和程序。听起来可笑，但这个社会，这样的"成年孩子"太多太多了。根本原因就在于父母的失职。

如何手把手地教孩子呢？以系鞋带为例，父母可以蹲在孩子身边，手拿自己的鞋带或者孩子的鞋带，耐心地给孩子做示范，必要的时候可以示范好几遍，然后和孩子一起慢慢地各自系自己的鞋带，直到孩子可以独自系鞋带为止。

父母不要小看这种手把手的方式，这是孩子规范学习的前提。只有父母看重这一环节，孩子长大后才不会成为"不会洗碗的成年人"。

4. 给孩子创造练习的机会

对于孩子力所能及的事情，父母要多多地创造机会让孩子练习，直到孩子彻底掌握并有能力实施。孩子一开始可能是出于新鲜去尝试，真正学会之后，做事的积极性就没有以前高了。比如类似于洗碗、洗衣服、叠被子、扫地、擦桌子等家务，父母要是不给孩子练习的机会，孩子即使掌握了做事的技巧，也不会在做事的过程中磨炼意志和耐力。因此，父母要常常和孩子一起做家务，以通过正确的引导让孩子成为真正有能力应对生活的人。

08 让孩子体验丰富的人际关系

> 若要让孩子有正确认识他人的能力，首先需要扩大孩子与他人的交往范围，借此让孩子体验丰富的人际关系，这是帮助孩子心智成熟的第三个标准的基础。

每一个人都是构成社会的一分子，可以说，育儿的首要目的就是让孩子能在社会上及与他人的交往中生存。

但是，现在的社会上接二连三地发生了许多令人难以置信的事件，如全班四十个同学围殴一个女生，导致课堂纪律崩溃；子女向年老的父母施暴；孩子缺乏合作的意识导致性格孤僻、不合群等。这些社会事件显示出现代人交往技能的缺乏。

今天，部分独生子女缺乏与人交往、合作的机会，他们身上或多或少地有着不合群、自私等表现。3—4岁的幼儿在集体生活的过程中，开始喜欢和同伴交往，但他们自制力差，易冲动，具有强烈的情绪，自我中心化强，容易与他人发生冲突。事实上，每个幼儿对集体的适应能力因受其个性、情绪等因素的影响均不相同。

要培养孩子的交往能力，最重要的是要让孩子体验各种各样的人际关系，孩子最初的人际关系是与父母的心灵纽带，在这基础上再进一步扩展人际关系。

从多多出生开始，我就在训练他勇敢地用微笑去面对陌生人，我们在他面前也以身作则，见到邻里街坊，都是笑脸迎人，打个招呼，聊聊家常什么的，所以到现在，多多总是能对他见到的人微笑，会主动说再见。

见到了小朋友（7岁、8岁以下都算），多多更是热情得不得了，会跑上前去，又是拥抱又是握手。一般情况下，我不会制止他，只是告诉他，要轻轻地、慢慢地和小朋友接触，不要吓到对方。多多总是很有人缘，因为他的微笑，他的勇敢。

现代社会，独生子女家庭不断增加，但和邻居之间的来往变少，要让孩子体验复杂的人际关系，父母亲只有让孩子在他的原有交际圈的基础上开拓新的交际领域，这虽然有些困难，却是父母不得不做的事情。有时候也要借助社会的力量，让孩子参与到育儿机构等群体组织的活动中去，孩子可以在父母的陪伴下，利用一切交往机会开拓人际交往圈。

有些专职妈妈善于把孩子培养成社交达人。妈妈们经常在假期里带孩子参加各种各样主题的亲子活动，她们的孩子从小到大参加过不少亲子派对、夏令营、冬令营、舞台剧、游艺会等，还经常看一些展览、演出，妈妈们相信通过这些活动能够让孩子接触到尽可能多的陌生人，开阔孩子的眼界，丰富孩子的生活经验，培养他们人际交往的能力。除了扩大接触范围，另一个关键是要让孩子与各个年龄断的孩子一起玩。这样有助于孩子完善模仿学习谦让、合作、分享等品格。总之，你要利用一切机会，鼓励孩子大胆地用语言与别人交往。

在孩子发生的许多矛盾冲突中，绝大多数是不会运用交往语言引发的。所以，教练在日常活动的各个环节中加强孩子交往语言的训练，显得尤为重要。比如你可以把"每天与班里的一个小伙伴说一句悄悄话"作为任务交给孩子。一句话事小，却从此培养了孩子大胆用语言交往的能力。除了让孩子学会与伙伴交往外，还要学会和大人交往，包括和老师、爷爷、奶奶以及爸爸、妈妈等交往。

再一个，要教给幼儿必要的社会交往技巧。孩子之间有种天然的亲和力，他们喜欢在一起玩游戏，但在游戏中常常出现各自玩游戏、互不干扰的局面，或互相攻击、争抢玩具的现象，这都是由于孩子年龄小，缺乏社会交往经验造成的。因此，教给孩子们一些友好交往的技能是非常必要的。在活动中，我们可以用移情训练、角色扮演等行之有效的方法来培养训练幼儿良好的交往技能，如称赞他人、乐于分享、合作、谦让、助人、抚慰他人等。

09 赞美和鼓励生成积极的心态

> 美国著名的儿童教育家西阿·洛克认为，小孩子有一个重要的心理特征，就是喜欢得到称赞、嘉许，而不喜欢被禁止、抑阻和消极的刺激。他说："无论是什么人，受激励而改过，是很容易的，受责骂而改过，比较而言是不大容易的。"

小孩子尤其喜欢听好话，不喜欢听恶言。但是中国家长继承"严师出高徒"的教育思想，总想用消极的办法来激励孩子，最常见的情景就是抱怨孩子——为了让孩子聪明，老说孩子比别人笨；为了让孩子快，老怨孩子慢；为了让孩子细心，老责备孩子太粗心……总是揪住孩子的缺点不放，小题大做、无限夸张，让负面情绪恶性循环。这样的孩子老是处在"我不行""我比别人差"的心态中，他怎能成才呢？

洛卡尔·威特说："不是聪明的孩子被夸奖，而是夸奖使孩子更聪明。"但也别以为夸奖就是几句空洞的赞美和一贯地说鼓励的话，现在的孩子敏感性很高，你的回应是真诚的还是敷衍而已，他很容易就能分辨出来。

在现代教育中，积极评价一个孩子也是需要技巧的。

美国儿童教育和心理学家卡洛德维克博士多年前，曾就如何鼓励孩子做过一个测试。她选择了来自不同背景但是能力相当的一群孩子，并将他们分为A组和B组：

第一步，让所有的孩子做同一套题，题目的难度不大，孩子们足以应付。

结果，大家的成绩都很优秀。于是，老师对 A 组的孩子夸奖道："真棒！你们是聪明的孩子。"同时，老师在另外的房间对 B 组的孩子说："你们很努力，我看到你们在做题时非常认真。"

几天后，进行了第二步测试，这次的题目有两套，一套比较容易，另一套有难度，孩子们可以任选一套。结果，绝大部分 A 组的孩子选择了容易的一套，而绝大部分 B 组的孩子选择了有难度的；在答题结束后，老师依然按照第一步的做法，分别给两组孩子反馈意见。

第三步测试中，要求所有的孩子做同一套题，但是这次的题目相当有难度。结果，A 组的平均成绩明显落后于 B 组。

同样是积极的评价，为什么两组能力相当的孩子最后的试题选择和成绩都差别很大呢？从结果看，明显 B 组的孩子比较敢于挑战，而且也发挥了应有的潜力，而造成这一切的原因就是教师的评语。老师对 A 组是笼统的、模糊的评价，对 B 组是具体到能力的评价。A 组得到教师"聪明"的评价后，也就会自我暗示自己是聪明的，为了保持这个评价，他们就选择了容易的试题；而 B 组的孩子得到的是"努力"的评价，心理暗示自己还可以加强努力，所以这一组的孩子更乐于表现自己努力、敢于挑战的一面。

从这个试验中，我们可以总结出鼓励孩子的三大原则。

1. 夸具体不夸全部

"宝宝真棒"，这样的表扬对家长来说真是轻车熟路。在家长眼里，孩子的每一个成长细节都是值得惊叹和赞美的——宝宝会笑了，宝宝会翻身了，宝宝会蹦了，宝宝会说话了……就是在这种不断的惊喜中，家长已经习惯于对着孩子说出"真棒""真好"这样的评价。

可家长总是这样笼统地表扬孩子，会让孩子无所适从。也许孩子只是帮你拿了一次拖鞋，与其兴高采烈地说"好孩子，你真棒"，不如详细地表扬他："我儿子长大了，知道关心爸爸啦！"诸如此类有针对性的具体表扬会让孩子更容易理解，并且知道今后应该怎么做，该如何努力。

2. 夸努力不夸聪明

"你真聪明！"也是一个家长惯用的评语。家长对孩子的每一个进步如果都用"聪明"来定义，结果会是让孩子觉得好成绩是与聪明画等号的，一方面，他会变得"自负"而非"自信"；另一方面，他们面对挑战会采取回避的态度，因为不想出现与聪明不相符的结果。就如上述的试验，总夸孩子聪明会给孩子消极的心理暗示——我要不惜一切保持我的聪明！

3. 夸事实不夸人格

在体育课上，李晓练习对靶射击，第一次就击中靶心。老师说："真棒，你不愧是神射手！"结果，李晓一声不响地离开了练习场。老师想要鼓励他，不料老师的赞美却令他沮丧。原来李晓心里想："我又不是神射手，我刚才只是靠运气，假如我再试一次，可能连靶子都射不到了，我最好还是乘胜而退吧！"在这种评价式赞美的压力下，孩子常会显得局促不安，而且多半会转而进行自卫或干脆逃避。假如那位老师说："这一枪不错！击中了靶心。"李晓的内心反应就会是"我表现得还行，老师给我肯定了，我大可放心再试"。假若李晓下一靶未射中，老师也可如实评价。这种针对表现所做的客观描述性的评价，反而能帮助李晓提高射击的信心。

"聪明的孩子"这样的话是典型的"夸人格"，家长们会无心地将其挂在嘴边。但"聪明"是一个很泛的概念，如果孩子总被扣上这样一顶大帽子，对他反而是种压力。你切身体会一下，当领导不断夸奖你时，开始你还会沾沾自喜，但慢慢地就会感觉到压力，甚至不想做得完美，以便得到喘息的机会。所以，夸孩子的时候，多针对他做的事，别老想给他安一个完美品德的帽子。

对孩子而言，他们的心智尚未成熟，对自己的认识和评价大多是依据他人对自己的回应得来的。在孩子的心目中，父亲多代表正义和力量的形象，因此父亲的批评或表扬，在更大的程度上影响着孩子的情绪和行为。因此，父亲在对孩子做出回应时，态度要积极，还要注意言辞和表达方式，尽量使用鼓励和赞美的方法，来"夸"出一个好孩子。

第 5 章

帮助孩子形成理性思维

> 父亲帮助孩子形成理性思维具有非常重要的意义。首先,理性思维有助于孩子做出明智的决策。在生活中,孩子会面临各种各样的选择,拥有理性思维能够让他们更全面地考虑问题,权衡利弊,从而做出更符合自身利益和长远发展的决策。其次,理性思维能够增强孩子解决问题的能力。当遇到困难和挑战时,理性思考可以帮助孩子分析问题的本质,找到有效的解决方案,而不是盲目地应对或逃避。最后,理性思维有助于帮孩子更好地适应社会。社会环境复杂多变,理性思维能使孩子更客观地看待事物,理解他人的观点和行为,从而更好地与人交往、合作,提高社会适应能力。

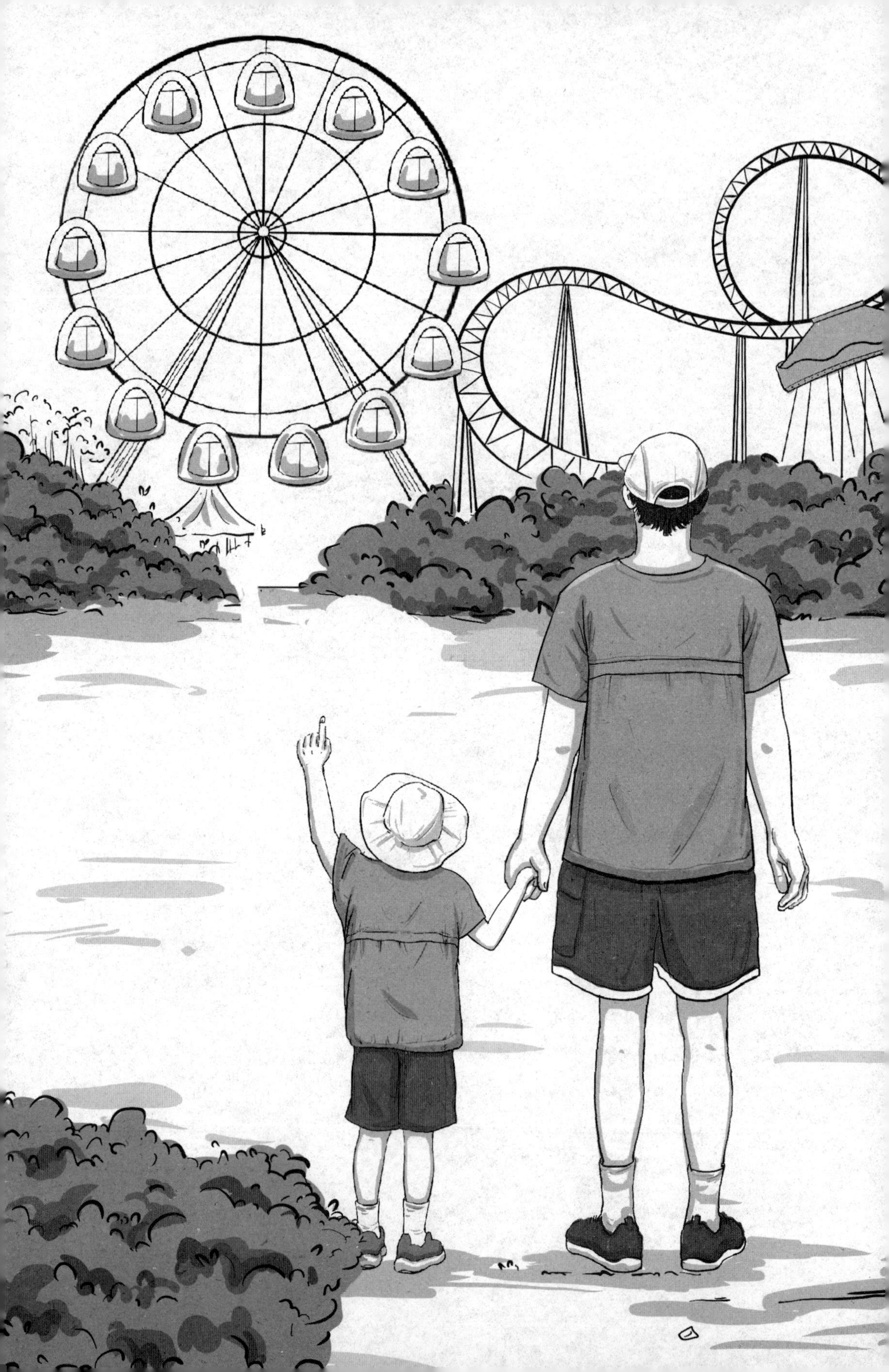

01 跟着爸爸爱上思考

> 我们常常取笑"鹦鹉学舌"的人,因为他们没有自己的思考,人云亦云。但是孩子在年幼的时候,学习就如同"鹦鹉学舌",笨拙而努力。

孩子年幼无知,不懂得语言的含义。作为父亲,不能要求孩子小小年纪什么都懂,什么都能思考理解。比如,孩子刚开始学说话的时候,其实根本不懂语言的含义,他们只是学着家长的样子,重复一些他们并不理解的语句。但在学习说话的背后,其实是孩子逻辑思考能力的增长。如果孩子善于言谈,思维敏捷,不仅在说话上有优势,在做其他事情的时候也能有条不紊,具有较强的思辨能力。

孩子小的时候,对世界充满了好奇心和探索心,他们很乐于学习和思考。爸爸应该多跟孩子沟通和交流,同时保持一个轻松愉快的表情和心境,不能把自己当成教官。当孩子遇到感兴趣的地方或者不懂的地方,爸爸要耐心指导,不要对孩子的"求知"不理不睬,也不要强迫孩子去思考,而要引导孩子开发思维,爱上思考。

1. 引导孩子多去思考

生活中,多多总会问很多问题,比如"天为什么会是蓝的?""秋天,叶子为什么会落?"等。这时候,作为爸爸的我不会表现出不耐烦,而是尽可能引导他思考。我知道,此时,孩子的好奇心就像是打开思考大门的一把钥匙,而我作为爸爸，要做的就是从旁协助，让他学会用这把钥匙打开大门。

生活中，对于孩子的好奇心，爸爸理应给予保护，并且要尽可能地利用孩子的好奇心，让孩子投入到思考和探索中去。爸爸要做好孩子的辅导员，从旁帮助孩子得到他想知道的有关信息，让他有这些知识做铺垫后，进而对他们所关注的事物更用心地去思考、去探索。在日常生活中，爸爸要有意识地让孩子参与事件的讨论，鼓励孩子发表自己的意见与想法，或者主动提出一些小问题，引导孩子去思考。

爸爸可以常用"怎么办呢？""接下来要如何做呢？"等句子，让孩子积极主动地投入到思考中来。多给孩子讲一些有趣的故事，激发孩子的好奇心。当孩子被故事深深吸引的时候，不妨给故事的结尾留一个悬念，让孩子自己去寻找答案。爸爸可以给孩子留一段思考的时间，如果孩子通过一段时间的思考和探索还是无法得到答案，那么爸爸就要帮孩子理清思路，让孩子真正领会故事的含义。另外，爸爸要给孩子留有独立思考的时间和空间，爸爸要尽可能地引导，而不是干扰，让孩子在思考中获得知识和乐趣。

2. 用思维游戏引起思考兴趣

卡尔·威特是19世纪德国一个著名的天才，他在不满14岁的时候就获得了哲学博士学位。他的成功得益于父亲老卡尔·威特的教育。老卡尔在教育孩子的经验中提到，在孩子咿呀学语的时候，他从来只教孩子正确的语言，通过益智游戏向孩子提问题，让孩子独立思考解答，培养孩子的思维能力。这些经验全都体现出了思维锻炼的重要性。玩思维游戏不仅能使孩子越来越聪明，还能锻炼孩子的语言能力、思维能力、观察能力以及记忆能力等，更能让孩子在游戏中享受到无尽的乐趣。

有一个游戏叫"哭笑娃娃"，爸爸可以跟孩子玩。两人先通过"石头剪子布"的方式分出胜负，赢的一方要做出"哭"的表情和动作，而输的一方则要做出"笑"的动作，先做错的一方就输了。大多数小孩子会对这个游戏十分感兴趣，虽然有些古老，不过这是一个锻炼孩子思维能力非常有效的方式。

游戏本身就是一种教育，这是孩子轻松获取经验、提升智力的妙方。有时候，将思维锻炼与游戏结合起来，和孩子一起玩，对爸爸和孩子来说都是一种享受，孩子更能从游戏中锻炼自己的思维能力。在实际生活中，锻炼孩子思维能力的游戏有很多，只要爸爸们多用心，抓住契机引导孩子，就能培养孩子较好的思维习惯，为他们今后的学习打好基础。

3. 动脑筋一起解决问题

有些家长觉得，当孩子遇到问题的时候，应该放开手，让孩子独自面对所有的问题，独自想办法解决。这当然没有错，可以锻炼孩子的自主能力以及独立解决问题的能力。只不过有些问题并不是孩子能够解决的，他需要爸爸的帮助。如果这时候爸爸仍然做旁观者，那孩子只会丧失掉信心，承认自己是失败的，在下次问题出现时就会选择逃避，这对孩子的发展是没有任何好处的。因此，当孩子遇到超过他们的能力范围的问题时，爸爸不要盲目地站到一旁，应该走过去陪伴孩子一起开动脑筋，找到解决问题的办法。

在我们周围，很多孩子在遇到问题的时候总喜欢逃避，或者懒得动脑筋。出现这种情况时就需要爸爸多督促，也可以陪着孩子一起学习，引导孩子思考，慢慢培养孩子养成独立动脑思考的习惯。爸爸可以充当孩子的"脚手架"，引导孩子将注意力放在解决问题的方法上，让他自己开动脑筋，想办法解决问题。孩子在成长的过程中，如果多几次这样的经验，他的见识会逐渐多起来，不断积累经验，处理问题的能力也会不断得到提高。孩子不愿意动脑筋的另一个原因在于他没有掌握好基础知识，所以在遇到具体的学习问题时就无从下手。

综上所述，在孩子学习之初，爸爸就要督促、引导和帮助孩子，让孩子爱上思考、乐于思考。爸爸通过和孩子一起动脑筋解决问题，不断学习，来培养孩子拥有良好的独立思考、解决问题的能力。

02 培养孩子独立自主

> 现实生活中，我们作为父母的，生怕孩子在成长的道路上受一点挫折、伤害，尽管也想尝试教育孩子的时候尊重孩子，让孩子自信、有主见，但是很多时候也习惯了使用越俎代庖的方式替孩子做主。

孩子是家庭的一员，更是社会的一员。家长管不了孩子一辈子，孩子早晚都得脱离父母的视线，自己对自己负责。所以，与其事事监管周到，不如早早就让孩子树立独立自主的意识。具体该怎么做呢？

1. 让孩子学会独立思考

孩子在学习中遇到不懂的问题，或是在与人交流中有解不开的疑问时都会向爸爸求助。如果此时爸爸直接告诉孩子问题的答案，或者不让孩子动脑思考就解开他心中的疑团，那么孩子以后一有问题，就会倾向于找爸爸解决而不愿意自己动脑。孩子独立思考能力的提高，需要爸爸悉心培养。培养孩子的思考能力，需要从小开始。要想让孩子养成爱动脑的习惯，爸爸就要教给孩子一些提高思考能力的有效方法。分析、综合、抽象、概括、比较、分类等，都是一些基本的思维方法。孩子掌握了这些基本的思维方法，在今后再遇到问题时，就会自觉地运用这些思维方法解决问题，从而在思考中找到正确答案。爸爸也可以尝试用启发式的话语引导孩子思考，这种表达方式会让孩子感觉到家长尊重自己，从而引导孩子独立思考，按照自己的意志主动处理好事情。

当孩子有了自主意识后，家长应该尊重孩子的选择，而尊重可以体现在最简单的日常生活中，如孩子吃得自主、穿得自主、玩得自主等。如果是无关紧要的问题，孩子在"自主"中不会受到太大的伤害，那么不妨放手让孩子去做吧，孩子会在自主中学会独立思考。

不管做什么事情，爸爸要让孩子尽可能自己思考答案。孩子实在想不出时，才给孩子一些必要的提示。孩子在思考中长大，在学习中积累，慢慢地就养成了独立思考的好习惯，而爸爸要做的就是多给孩子提供一些独立思考的机会。

2. 重视孩子的创造力

小孩子都喜欢"搞破坏"，喜欢拆卸安装，其实这也是独立思考能力的表现。有时候，爸爸应该支持孩子的这种好奇心与探索精神，因势利导启发孩子，有助于孩子独立思考能力的提高。让孩子自由地想象、创造，在某种程度上更能激发起孩子学习的热情，实现质的飞跃。

孩子的好奇心越强烈，想象力越丰富，就说明他的创造能力越强。孩子爱问问题是因为他们的创造性想象是从最初的无意识的自由联想起步的。所以，孩子会随时提问，比如，"天上为什么会有云？""冬天为什么花儿不开？""闹钟为什么会定点报时？"等。对于这些好奇，如果爸爸无法回答，可以同孩子一起找一些相关的资料，让孩子自己把谜题解开。爸爸千万不要小瞧孩子的创造力，创造力是孩子今后在社会上独立生存的重要跳板。

3. 允许孩子做自己

小孩子的世界和成年人的世界有很大的区别，大人常理解不了孩子为什么边吃边玩；小孩子也理解不了大人为什么那么忙，为什么陪自己的时间那么少，为什么自己喜欢的大人会没兴趣？孩子很难理解大人的世界，大人却可以通过学习、观察来理解孩子。尽管父母有很多身体特质会遗传给孩子，但孩子还是有很多不同于父母的地方，比如性格、喜好、习惯等。爸爸应该允许孩子按照他的需要和兴趣来发展。如果孩子的兴趣和父母大相径庭，爸爸可以适当放下自己的期望，为孩子的兴趣买单。如果孩子的性格不是爸爸欣赏的，那么也请给予尊重。

随着孩子的长大，他会越来越有自己的见解，又因为亲子之间在成长背景、成长经历、价值归属等诸多方面存在巨大差异，所以孩子的见解很可能和我们不同。

总之，如果我们能够尊重孩子和我们的差异，我们和孩子就能互相接纳；如果我们能够欣赏孩子的不同，我们和孩子就能互相滋养。父母不应再把孩子看作自己的附属品，应还孩子一片属于自己的天空。

03 引导孩子理性看待问题

> 和感性相比,理性的人处理事情不易冲动,不会凭感觉做事情。一般来说,男性的理性思维比较强,主要是因为男性相对于女性需要承受更多的压力和竞争。

冷静、理性的思考是获取胜利的"最佳武器"。在一些重大问题上,男性往往比较理智,看得长远。从孩子小的时候开始,爸爸简简单单的几句话,对于孩子来说就是一个很好的学习范本。虽然起初孩子不见得懂,但是随着他们慢慢地观察,跟着爸爸说同样有逻辑的句子,慢慢地就会提高自己的逻辑能力。

作为爸爸,要带领和引导孩子慢慢学会理性看待问题,理性处理问题,让孩子明白遇到问题只有在智慧的指引下才能解决。

1. 让孩子学会遇事先保持冷静

不只是孩子,大人也一样,当遇到麻烦和问题,并且经过多次努力之后仍没有解决时,难免会急躁。当我们的整个大脑已经混乱的时候,往往会忽略一个问题:越急躁,越会影响解决问题的思路,到最后越是无法解决问题。这个时候,需要自己稍微冷静下来,或者把事情暂时放到一边不管。等大脑得到一定的缓冲之后,理清思路,寻找头绪,就能找到解决问题的良方。

小孩子是最缺乏理性的。生活中,不少孩子遇事急躁、发脾气,甚至做出不理智的行为。在孩子不理性的时候,爸爸要理性对待孩子。从孩子小的时候开始,爸爸就要尽量避免在孩子面前表现出急躁、愤怒的样子。做一个遇事冷静的父亲，争取给孩子传递积极的影响，让孩子从爸爸身上学会遇事不急躁。同时，爸爸还要结合言传，给孩子摆事实、讲道理，让孩子深刻领悟沉着冷静的重要性。

如果孩子遇事发脾气，爸爸也跟着对孩子发脾气，那么孩子的脾气只会变得更加暴躁。面对孩子的不冷静，爸爸应该和孩子坐下来聊一聊。问问孩子，发脾气能解决问题吗？那样对自己有好处吗？那样又会不会伤害别人呢？通过这种方式，引导孩子思考冲动、急躁所带来的后果，并把自己对冲动、急躁的理解告诉孩子。

有时候，过度的压抑也不利于孩子的身心发展。当孩子的脾气无法克制的时候，不妨用"出气角落"的方式帮助孩子暂时缓解。父亲可以在家里设定一个专门的区域，作为全家人发泄情绪的场所。与孩子约定，无论当时心里有多么不痛快，都不能随意发作，也不能迁怒于别人。教会孩子把注意力转移到能让自己放松的事情上，让情绪暂时缓和。如果回到家以后仍然觉得心里不舒服，就可以去"出气角落"，以自己喜欢的方式尽情宣泄。当孩子在"出气角落"宣泄情绪时，尽量不要打扰他。当孩子自愿离开"出气角落"的时候，爸爸再来跟孩子坐下来理性地谈一谈。

2. 改变孩子的浮躁心理

浮躁心理是当前一些青少年的通病之一，表现为行动盲目，缺乏思考和计划，做事心神不定，缺乏恒心和毅力，见异思迁，急于求成，不能脚踏实地。这些都是孩子缺乏理性思维的表现。

有的孩子看到歌星挣大钱，就想当歌星；看到企业家、经理神气，又想当企业家、经理。想归想，却又不愿为了实现自己的理想而努力学习。还有的孩子兴趣爱好转换得太快，干什么事都没有定性，今天学绘画，明天学电脑，三天打鱼两天晒网，忽冷忽热，最终一事无成。面对孩子的盲目与冲动，爸爸不妨事先召开一个家庭会议，让孩子说一说自己的理由、将来的打算，以及能否坚持，从而辨别孩子所谓的"爱好"是真的感兴趣，还是一时兴起，或是虚荣心在作怪。如果孩子能提出充足的理由，能够说服家长，那么家长就支持孩子。如果坚持这样做，久而久之，孩子自然会慢慢地学会理性看待事情、理性分析事情。

如何改变孩子的浮躁心理？俄国伟大的作家列夫托尔斯泰说过："理想是指路的明灯。没有理想，就没有坚定的方向；没有方向，就没有生活。"爸爸只有帮助孩子树立远大的理想，才能使孩子明确生活的目标和对崇高理想的追求，具有对生活和学习的高度责任感，这对防止孩子浮躁心理的滋生和蔓延是十分有利的。俗话说："无志者常立志，有志者立长志。"爸爸要告诉孩子立志不在于多，而在于"恒"的道理，要防止"常立志而事未成"情况的发生。不焦躁、不虚浮，踏踏实实做每一件事，一次做不成的事情就一点一点分开做，积少成多，聚沙成塔，累积到最后即可达到目标。

爸爸要教会孩子用语言进行自我暗示："不要急，急躁会把事情办坏""不要这山看着那山高，这样会一事无成""坚持就是胜利"。只要孩子坚持不断地进行心理上的练习，浮躁的毛病就会慢慢改掉。但是，最主要的还是身教重于言教。爸爸一定要给孩子树立勤奋努力、脚踏实地工作的良好形象，以自己的言行影响孩子。要鼓励孩子用榜样，如革命前辈、科学家、发明家、劳动模范、文艺作品中的优秀人物，以及周围一些同学的优良品质来对照检查自己，督促自己改掉浮躁的毛病。

04 多跟孩子讲道理

> "别啰嗦,你听我的没错!"在面对孩子质疑时,有的爸爸为了省心,往往会采取训斥的方式应对。这种处理看上去简单高效,实际上,孩子口服心不服,就算真的按照你的方式去做,也是心不甘情不愿、阳奉阴违。

有一天,多多长了湿疹。我决定带他看中医。之后我就开始发愁,药开回来了,如何说服他吃下去呢?

药很苦,我舔了一点点,心里就开始打鼓:"这么苦,他能喝吗?"果不其然,多多刚喝第一口药,又直接吐回了碗里。我脑海里闪过很多方法:捏着鼻子灌,药里加糖……算了,还是先讲道理吧!

先从为什么要喝药讲起,然后讲到药为什么是苦的……多多很认真地听着,还问:"药为什么是黑色的?为什么不能装在小瓶子里用吸管喝?"我都一一耐心解答。后来他说:"那我喝一口吧。"我大喜过望,赶快盛了一大勺药喂到他嘴里,虽然还是龇牙咧嘴的,但这药总算是咽下去了!多多提出一个附加条件:"能不能喝一口药,吃一口白糖。"我也同意了。

我的道理算是彻底讲通了。以后多多总是大口大口地吃药,还告诉我说:"药喝到嘴里,脸上的湿疹就全部被赶跑了……"

虽然与孩子讲道理有些费劲,但会让孩子铭记事理,受益终身。正如多多一样,在他知道药能治病的道理后,今后再生病,不管多苦多难喝的药,他都会心甘情愿地吃下去。

当然了，在实际操作中，家长可以用多种形式跟孩子讲道理。比如就眼前发生的事情进行说理，或由某一句话联想到更多的事理，或就生活的微小细节开导启发，再或采取童话故事的形式……

跟孩子说理不仅需要有耐心，还应结合孩子的心理特征，选择恰当的方法和技巧。

第一，要充分肯定孩子的长处。跟孩子讲道理，应充分肯定孩子的长处，对孩子的进步给予及时的表扬和鼓励，在此基础上再对孩子的过错予以纠正，这样，孩子就容易接受大人的意见。如果一味地数落孩子，责怪孩子这也不是那也不对，只会让孩子产生自卑心理和逆反心理。

第二，所讲的道理要"合理"。跟孩子讲的道理应合情合理，不能信口胡说，也不能苛求孩子。因为家长信口胡说，孩子是不会服气的，大人的要求过分苛刻，孩子是办不到的。

第三，要给孩子申辩的机会。跟孩子说理时，孩子可能会对自己的言行进行辩解，家长应给予孩子申辩的机会。应该明白，申辩并非强词夺理，而是让孩子把事情讲清楚、讲明白，给孩子申辩的机会，孩子才会更加理解你所讲的道理，使教育收到良好的效果。

第四，要了解孩子的情绪状况。孩子和家长一样，情绪好时比较容易接受不同的意见，不高兴时则容易偏激。因而跟孩子讲理时，要充分了解孩子的情绪状况，选择其情绪较好时对其进行教育，若在孩子情绪低落时跟他说理，是不会奏效的。

跟孩子说理最重要的原则是，家长要以身作则，首先做一个讲道理、明是非的人。如果家长在所有事情上都认为自己是对的，那么对孩子的教育就不会有任何效果。并且，这种强权优势必定会影响到孩子，孩子也就会出现越来越不讲道理的倾向。

05 父子间来场辩论赛

> 学会辩论，给孩子一个主动发挥的环境，让他们能够在一定的气氛中通过适度的争论，发现自己、认识自己，确立自己的地位，同时锻炼语言表达能力。有时候，孩子在心理上受到压抑或委屈，也可以通过辩论得以宣泄和转移，同时，辩论也是在锻炼孩子的反应能力、多向思维能力，以及社会能力。

现代社会是一个充满机遇的信息社会，只有具备了敏捷的反应能力和坚强的意志，才能在众多的竞争中发挥自己的特长，获得自我价值的实现。

要想孩子成功，家长就要学会跟孩子辩论。其实家里有辩论的气氛非常好，辩论会让孩子思维敏捷、语言流畅，会让孩子说话有逻辑性、看问题更全面。辩论是孩子通往成功的基础技能之一，更是孩子成长的需要。

1. 给孩子争辩的权利

"不为什么，我让你怎么做，你就怎么做，因为我是你爸！"

"不许顶嘴，不听话，小心我收拾你！"

爸爸在教育孩子的时候，是不是会遇到上述类似情形？当面对孩子的争辩时，你会如何处理？是否像上面那样把自己的意志强加在孩子身上呢？没错，那并不是一种好的做法。当孩子和爸爸争辩的时候，爸爸认为这是孩子在顶嘴，是对自己的不尊重，其实并不是这样。争辩本身并没有错误，双方意见不同，争辩的过程其实就是交流思想的过程。可是现在很多爸爸都是将自己的意志强加在孩子身上，根本不容许孩子提出任何异议，即使孩子提出来，他们也会完全否定掉。其实，这是一种很不明智的做法。明智的做法是：给孩子争辩的权利，认真地听取孩子的意见。因为对孩子而言，亲子之间的争辩对他们的成长非常重要。

当孩子试图以平等的方式挑战爸爸的时候，就会刺激孩子的逻辑思维和语言能力的发展。孩子与爸爸争辩的直接成因在于孩子语言能力的进步和参与意识的增强，而非想"造反"。在争论的过程中，孩子学会独立对事件进行观察分析，运用他学到的语言和逻辑表达自己的观点。争辩能使孩子变得自信和独立。孩子会感觉到自己受到重视，慢慢知道应该怎样表达才能实现自己的意志，并且在辩论中学会了如何维护自己的权利。心理学家经过调查得出结论：在反抗期间，能够同爸爸进行真正争辩的孩子，将来会比较自信，也会富有创造力。

作为父亲，我们应该树立一种观念：只要孩子遵循规则、讲道理，就允许孩子争辩，这不是丢面子的事情。明智的爸爸通常不把自己的意志简单地强加在孩子身上，而是为孩子的争辩创造了一种宽松、平等、民主的氛围。在争辩的过程中，爸爸应循循善诱，以理服人，而不是简单地把孩子的争辩看作是对长辈的不敬。这种争辩，对两代人都有好处，因此爸爸要善于研究、学习，让争辩发挥更大更好的作用。

给孩子争辩的权利，这对许多爸爸来说并非轻易能做到的。这就需要爸爸首先克服自以为是，唯我是从，只准说"是"，不准说"不"的单向说教的思维定式，尊重孩子，鼓励争辩，秉持有利于双向交流的思维方式。爸爸和孩子坐在一起平等地争辩一番，就会发现孩子有自己的想法，而且很多都是正确的。只有尊重孩子，才有利于他们的成长与进步。

2. 鼓励孩子参加辩论赛

孩子们之间的争论，是他们通过自己幼稚心灵的感知，积极开动脑筋，用有条理的词汇、语句来表达自我意识，这是一种积极向上的现象。

在孩子入学之后，爸爸要鼓励孩子多参加辩论赛。对孩子来说，辩论赛是一个交流和学习的过程，既可以让孩子增长见识和知识，提升分析问题的能力，也能够帮助孩子树立正确的竞争观念，还能够给孩子提供磨炼和学习的机会，让他们突破害羞和胆小的性格弱点，正确对待输赢，不断提高孩子的心理素质和抗压能力。孩子如果有"磨蹭"的毛病，辩论赛带来的竞争气氛会激励孩子，孩子的积极性就很容易被调动起来。

在孩子逐渐长大的过程中，辩论能让孩子不断获取知识和坚信真理。孩子在追求真理的时候，可能会查找相关资料，了解相关知识，会为此开动脑筋、积极想办法。其实在这个过程中，孩子的学习热情会得到有效激发，知识会获得有效积累，孩子在以后的人生道路中也会走得更稳。

辩论可以让爸爸知道孩子的真实感悟与对知识的理解程度。辩论既锻炼了孩子的自我评价能力，塑造了他们健康、完善的人格，又帮助他们掌握了生活的智慧。

辩论可以"明是非、审治乱、明同异、察名实、处利害、决嫌疑"。一言之辩，重于九鼎之宝；三寸之舌，强于百万之师。也可以说，辩论有助于人们发现和认识真理，可以开发人的智力，可以增长知识，可以培养良好的口才，可以提高应变能力，可以培养竞争意识。因此，爸爸要使孩子成为人才，就要让孩子先具有辩才。

第 **6** 章

引导孩子树立自己的目标

> 不管家长望子成龙的心态多么急切,也不能用自己的目标代替孩子的目标。家长的期望只是孩子前进的动力,而不应成为孩子前进的既定方向。孩子自己确定的目标最有动力、最有鞭策力,因为那是他自己制订的,也就不会有任何不去为之奋斗的借口。帮助孩子成为一个目标清晰的人,帮助孩子养成目标管理的习惯。这样,孩子才不会在生命的航程中徘徊不前,才不会迷失方向和自我。

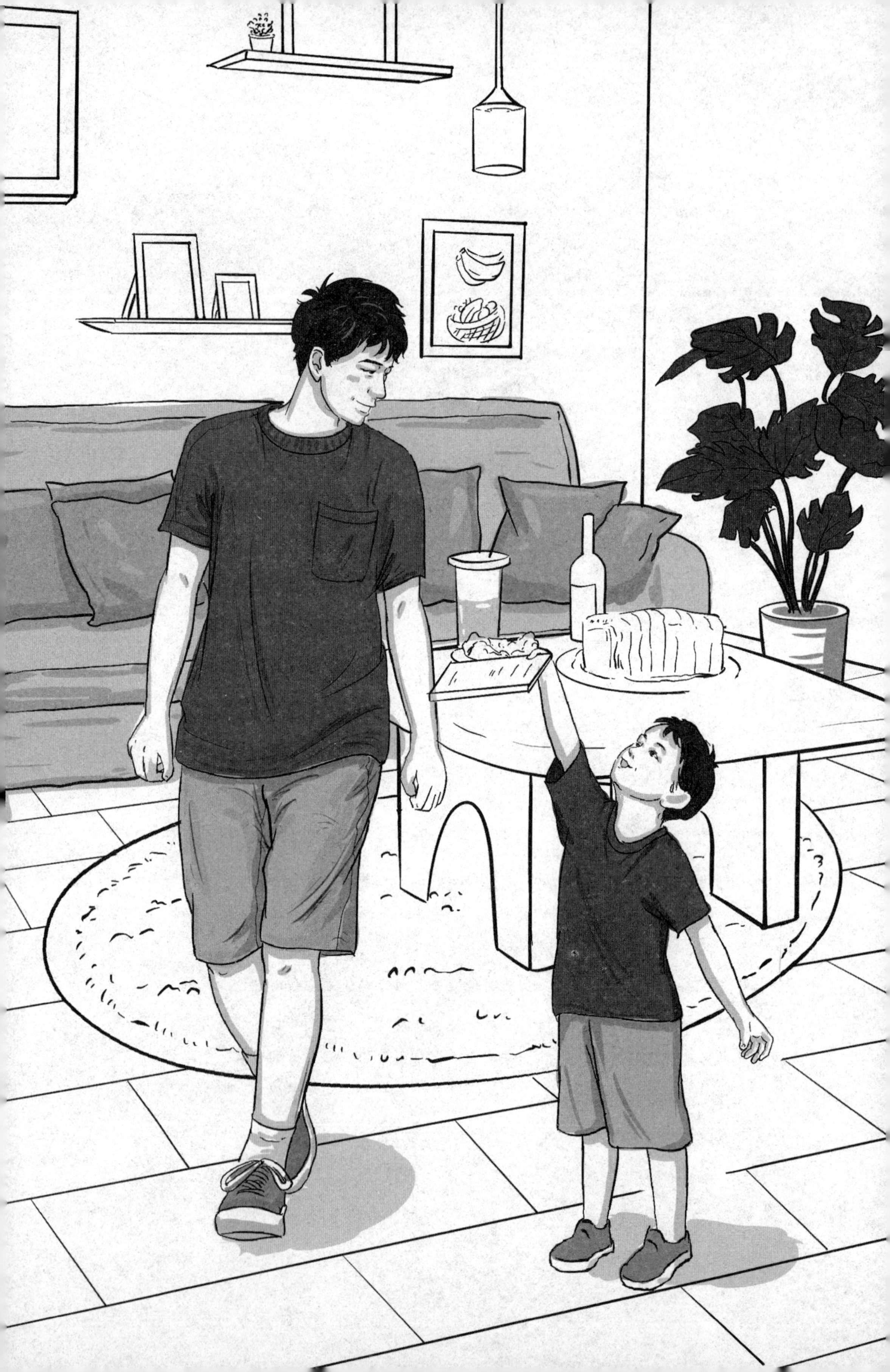

01 做引路人而不是代办者

> 世界上最长的路是人生之路，是成长之路。在孩子成长的路途中，父亲要注意的是：做孩子的引路人，而不是代办者；陪孩子走一程，而不是替孩子走一程。

很多时候，我们的家长忘记了自己"陪"孩子走人生之路的使命，反而喧宾夺主，把"陪"变成了"替"，事事替孩子包干到底。孩子上小学时，替孩子收拾书包，背书包；孩子坐车时，替孩子"抢"座位；孩子要上兴趣班时，替孩子选兴趣班；孩子上大学时，替孩子扛行李、收拾床铺……这样的例子比比皆是。家长包办一切，孩子却没有事情可做，家长情绪饱满，可孩子早就没了兴趣，成了一个万事不愁的旁观者，成长的主角反倒成了配角。

也许，家长给孩子安排一切的初衷仅仅是希望把自己的经验教训教给孩子，让孩子少走弯路，这是一种保护心理使然。在家长眼里，孩子总是弱小的，而自己几十年的人生经验可以帮助孩子少走弯路，可以间接减少孩子在生活中经受的困难和挫折。然而，对孩子来说，他们有时更愿意通过自己的亲身体验来获得对事物的看法和处理事情的方法。

一位年轻的父亲抱着两岁多的小男孩，走到一处多级台阶下面。父亲放下孩子，想休息一会儿。男孩好奇地顺着台阶向上爬，每爬一级都特别费劲，要吭哧老半天。父亲看着孩子爬了两级，就受不了了，抱起孩子噌噌几步走到了最高处。孩子又哭又闹，父亲一脸茫然，骂道："臭小子，你不是要上来吗？我把你抱上来，你哭个啥？"

一位老人走过去，对那位父亲说："你把孩子抱下去，让他重新爬，他就不哭了。"

父亲一脸不相信的样子，但是孩子在哭，没办法，只好照做了。他把孩子抱到台阶下面时，孩子马上止住了哭声，重新开始爬台阶。

看了这个故事，你有什么样的启发呢？

仅仅两岁多的孩子都希望通过自己的"爬行"来获得生活体验，更何况是一些大孩子呢。作为家长，如果一味地要求孩子按照自己的意愿行事，剥夺孩子自己亲身体验的权利，对孩子有百害而无一益。

要当好引路人，父亲起码应做到以下几点。

1. 给孩子提供锻炼的机会

锻炼就意味着让孩子独立参与活动，并且明确活动的目的、步骤以及要求等，在孩子参与活动的过程中，家长可以适当地加以正确的引导。孩子对于自己能够胜任的活动或者具有挑战性的活动，总是乐意承担的，并表现出高度的积极性。通过活动，孩子在能力意志等方面将会不断地提高和发展。

比如，放手让孩子自己去做他们力所能及的事情，自己的东西自己管理，自己的生活自己安排，这样就能够增强孩子行动的独立性、目的性和计划性，这对孩子今后生活的幸福和成功无疑是有很大帮助的。

2. 给孩子知识的启蒙和行为的引导

这里所说的知识范围比较广，包括科学文化知识，还有社会生活方面的知识，如自我管理、自我保护、与人交往、承受挫折、聪明理财、心理调节等。

家长是孩子知识的启蒙者、行为的引导者，这就意味着，家长必须根据社会规范和孩子的成长特点，给予孩子知识的启蒙与行为的引导，以及能力的培养，使孩子在德、智、体、美、劳等方面得到全面发展。忽视了任何一个方面的指导，都不能算是称职的家长。

要想做好知识的启蒙者，家长不仅要给孩子做好衣食住行等方面的供给工作，还应该在学习上给孩子以信心，给孩子以鼓励，给孩子以方式方法上的指导。放手让孩子做他自己应该做的事情，这样才能让他独立行走，使他对自己负责，形成自己的生活和学习态度。

3. 只提供参考意见，让孩子自己决策

自己选择，自己决策，是独立性发展的一个非常重要的方面。家长应从小培养孩子自己决策的能力。孩子的事应该让孩子自己去思考，自己去决断。玩具放在什么地方、游戏角怎样布置、和谁玩、玩什么、考哪个学校、报什么兴趣班，这些孩子的事，家长不要做决定，要让孩子自己去动脑筋、想办法，进而作出决策。家长可以帮助孩子分析，引导孩子决断，但不要干涉，更不要包办或代孩子决策。

4. 引路人应学会分享孩子的成功而不是替孩子取得成功

每个孩子在获得成功的时候，都渴望有人与自己一起分享成功的喜悦。而家长是他们最亲近的人，他们最大的心愿就是能与家长一起分享自己成功的喜悦。作为家长，如果我们能做到让孩子享受成功的乐趣，和孩子一起分享成功的喜悦，那么我们的教育也就成功了！

人生好比一次长跑，而且每个人都必须独立去面对，没有人可以替代。身为父亲，我们要做的就是培养孩子永远奔跑下去的品质、习惯和力量，关注孩子的成长过程，在孩子的成长过程中给予他们正确的教育。

02 别做好心办坏事的"短视规划"

> 关于如何规划好孩子的一生,现在很多人在争论——是规划,还是任其生长?很多专家就此提出一个笼统的观点:要科学、系统地抚养孩子。

我知道很多父母想规划孩子的一生,而且有的父母已经规划好了孩子的成长轨迹,比如:多少岁开发孩子的左脑;多少岁开发右脑;给孩子选择哪个幼儿园;上了小学一年级,怎样让他考双百分;中学阶段,如果孩子成绩落后就开小灶,一定要让孩子考个名牌大学、找份好工作,等等。

好吧,即使孩子的成长都按照家长的规划进行,但这个规划也只能勉强维持到孩子的二十三四岁,也许他完全按照你的规划找到了稳定的工作,那么他往后的几十年呢?你还有力气给他规划吗?这显然是父母规划时没有预料到的一个问题,这种规划太短视了。因为你的规划没有囊括孩子的一生,规划发生的效用是非常短暂的,等到孩子二十三四岁的时候,他的人生规划就断层了,他的生活会变成怎样一种状态?也许他会变成一个依赖成性的家伙,他无法负起对家庭、对社会的责任,这种后果比任何一种脱离你规划的结果都要严重。

有一个大学刚毕业的男生,他毕业于国内一流的大学,去新西兰读了两年书,回国应聘,测试、面试什么都挺好,于是公司跟他签了合同,三个月的试用期,一切都安排好了,让他一周以后来上班。

第6章 引导孩子树立自己的目标

一周后,这个人就要上班了。在前一天,他突然打电话来跟人事经理说:"我明天来不了你们这里上班了。"

人事经理问:"为什么?"

他说:"我爸爸妈妈觉得你们这里不合适。"

经理问:"你爸爸妈妈为什么觉得这里不合适呢?"

他说:"因为合同只有三个月。"

经理说:"这是例行公事,要是你在三个月之内干得好,肯定要签更长时间的合同。"

他说:"我爸妈觉得这个太冒险了,不想让我冒险,想让我找更稳定的工作。"

经理说:"说了半天你爸妈想要的,那你自己想干什么呢?"

他说:"我想进公关领域。"(这家公司是全世界第三大公关公司)

经理说:"那就从这里做起来吧,做好了肯定有前途。"

他说:"不,还是算了吧,上海有一家公司给了我更好的待遇,让我去做市场。"

经理纳闷地说:"你刚刚不是说想做公关吗?"

……

就这样,一个留学回来的孩子,一个被父母规划好一生的孩子,按照父母的规划成长。名牌大学毕业生、"海归",按理说前途是一片光明的,但是这个孩子太可怜了,不知道自己到底想要什么。他都成年了,在找工作的过程中,爸妈还在指挥着他的一切,而且很可能要指挥他一辈子,甚至在他爸妈去世后,这种指挥棒都还会影响他。他要花多长的时间,才能稍稍对自己的人生有一点主见呢?他今后大概会在很多事情上不快活,而且自己还说不出来为什么不快活,这都是因为他的思维长期被父母禁锢了的缘故。

"短时规划"已经成为现在流行的教育,我们这些当家长的人,都忽略了

为父之道：影响彼此一生的父子关系

一些在教育中特别本质的问题，那就是孩子是什么？孩子是怎样成长的？在这个成长过程中，孩子真正需要的是什么？

每一个孩子来到这个世界上都必须回答三个问题：我是谁？我要成为什么样的人？我的归宿是什么？其实，我们很多人虽然当了父母，但是我们自己还没有把这些问题想明白，父母还没有回答清楚这些问题，就急着去规划孩子的人生，就要告诉孩子——你是谁，你应该做什么，你应该怎么样。这样的家长有点太自以为是，太不虚心了。

家长总是急于给孩子规划的常见典型心理有以下几点。

（1）高估自己在孩子的成长轨迹上所扮演的角色，怕"耽误"孩子前程，怕孩子长大了埋怨自己，因此，家长理所当然地规划孩子的成长轨迹，设计孩子的未来，并要求孩子按部就班。

（2）低估自己对孩子品行及亲子关系的影响，目光过于集中于孩子身上，致力于打造孩子，却缺少与孩子心灵的沟通；以为孩子是被语言教出来的，忽略以身作则的作用。

（3）将小事无限扩大。孩子做错了一件什么事情，家长会立刻联想到孩子的未来——现在都这样了，今后可怎么得了啊！

（4）教育中追求立竿见影的效果，总是想要付出什么就收获什么。比如，让孩子上奥数课，就希望他每次都一百分。这一百分的成绩就成了家长短视的目标，实际上，家长对孩子还缺乏一个长远的培养目标。

其实，孩子的未来不是你能耽误得了的，你没那么重要，不要对孩子说一些大道理，这些大道理可能只是把你自己感动了，可是孩子却听不懂，而你做了什么，孩子却都能看见。亲子关系决定了今后一切关系的模式。孩子和父母的关系，决定了他今后与身边一切人或者事物的关系，决定了他今后教育子女的态度，所以建立一个良好的亲子关系很重要。家长不信任孩子的智慧、能力、自律本能，其实是不信任自己。

那么，除了不要贸然给孩子作出"短视的规划"外，我们还能怎么办？

让孩子有目标，而不是替孩子规划好一切。你首先得让孩子知道什么是目标，也就是回答这三个问题：我是谁？我要成为什么样的人？我的归宿是什么？具体的步骤如下。

（1）耐心等待孩子成长

一般来说，孩子只有思维发展了，情感发育了，他对外界的感知才能与之俱增，所以要孩子回答"我是谁"不能操之过急，耐心等待孩子成长，当他的"我"的意识成熟后，才开始引导他建立目标。

（2）让孩子对生活保持热情

一个人能够树立自己的目标，必然是对未来充满希望的。让孩子对生活保持热情和美好的回忆，这是他们对世界保持好奇的动力。同时，当一个孩子对未来充满幻想，他的目标才能成形。所以，让孩子拥有做梦的权利；保持他们实现梦想的决心；帮助孩子获得实现梦想的能力。

（3）创造适宜孩子发展的环境

让孩子感觉到自己不是被塑造成的适合现存社会的流水线产品，而是给世界带来新鲜能量的人，鼓励孩子创造适宜自己的环境，然后让他在这片"沃土"里培养目标的种子。

（4）以身作则

以身作则就是模范的作用。孩子天生需要一些模仿的对象，而父母恰好就是他重要的模仿对象。假若他的父母是不学无术、整天无所事事的人，恐怕孩子照着这面"镜子"，就能看到将来的自己是什么样子的。

03 了解孩子真正的需求

> 和成年人相比，孩子的想法千奇百怪、不受约束、无法可依，有时候甚至远远超出我们的想象。如果父母用自己成人的眼光去看待孩子的言行举止，就会不理解孩子的需求，甚至会发生误会。

有这样一个故事。

有一个5岁的小孩，他的家里很富有，从小孩子起，他就玩具不断、零食不断，家人非常宝贝他，捧在手里怕掉，含在嘴里怕化，从来不轻易让孩子外出，从小到大，孩子几乎没有玩伴，因此非常缺乏与同伴交往的技能，内心很孤单。有一次，爸爸带他到小区玩，看到几个小朋友在玩沙子，他也想和他们一起玩，但是他不懂怎么开口。他在旁边站了一会，突然冲上去咬了其中一个小女孩一口，他咬得非常用力，女孩的手臂都被咬出淤青了。结果，女孩的父母当场问罪，孩子的父亲一个劲地赔不是，说孩子太小了什么都不懂。最后，孩子的父亲陪着女孩一家上医院检查了伤口才了事。从那以后，家人更不让孩子和别的孩子一起玩了。

发生这样的事是孩子太小不懂事吗？答案是否定的，这完全是因为这个孩子的家长根本不知道孩子需要什么。孩子还需要一些玩伴，这就能解释为什么当孩子一个人待着的时候会和玩具娃娃做游戏、说话。这个孩子从小到大什么都不缺，家长以为孩子会知足了，但是却不知道他还缺一个玩伴。他之所以去咬那个女孩，或者使用其他的攻击方法，是因为他想和她玩，想和她成为朋友，只不过他用错了表达方式。从这可以看出，孩子是知道自己要什么的，与此相反，不知道孩子需要什么的是父母。

丰子恺先生曾经讲过这样一件事情：

有一次，他问4岁的儿子华瞻最喜欢什么样的事，华瞻坦然地回答："逃难。"

如果丰先生没听孩子说完当场把孩子臭骂一顿，就永远不会得知孩子为什么喜欢逃难。

于是他追问："为什么？"

华瞻说："逃难的时候可以和爸爸、妈妈、宝妹一起，大家坐着汽车，还能看到大轮船。"

这就从侧面反映了孩子有"一家团聚、接触新鲜的事物"这样的需求，孩子是知道自己想要什么的。因此，家长在询问孩子需要什么的时候，不妨先耐心听孩子把需要的理由聆听完，如果有不明白之处，一定要当场提出疑问，否则留在你心底的谜团将会成为你们沟通的障碍。

如果你想要了解孩子，探究孩子心中所想，就要去用心体会孩子眼中的一切，使用教练的四项技能正确地引导孩子表达出自己的需求。

（1）当孩子向你表达他的愿望的时候，你要全神贯注地听他说每一句话，从孩子的叙述中了解他最想要什么和他现在的状况，然后想办法满足他或者跟他说明无法达到的原因。

多多有一次很有计谋地跟我说了一个他的要求。他先说好让我一定要答应他这个小小的要求，我心里在揣测他在打什么主意，于是放下手中的报纸，问："答不答应那得看是什么要求。"多多小眼睛一眨一眨的，小声地说："我想要一个奥特曼的影碟。"我眉头一皱，觉得这孩子总是不听话，我一贯不准他看奥特曼这样充满暴力的动画片,但是我没有马上拒绝他,我想听听原因,于是追问他:"为什么想要?"多多回答说:"我昨天和幼儿园的小朋友说爸爸给我买了一个新的奥特曼影碟,他们想让我拿到幼儿园一起看。"

你看,孩子的所做、所想都不是毫无根据的,面对孩子这样的要求,即使你不答应,你也要耐心地听他把话说完,这不但能维持你们之间的情感沟通,还能非常有效地了解到孩子的需求。

(2)你要站在孩子的角度思考问题。当你拿不准如何判断的时候,不妨尝试问问孩子,有时候,真相就藏在孩子的答案里。

(3)不要从自己的利益角度去猜测孩子的目标,孩子的眼光和成人的眼光不同,成人多习惯于用实用和势利的眼光看待事物,只有涉世未深的孩子才会用审美的态度和一颗童心去感知世界。

(4)给孩子营造一个敢于表达思想的环境。有时候,对同一问题的看法,家长往往和孩子不一样。如果父母一味坚持自己的主张,并且将这种主张强加于孩子,强迫孩子接受你的意见,这和强盗行为是没有区别的。就像罗素曾说过这么一句话:"用自以为是的眼光看待别人的幸福,这是错误的。"这与庄子的"子非鱼,安知鱼之乐"讲述的是同一个道理——你不是他,你怎么知道他内心的想法呢?

所以,父母要将孩子看成一个独立的个体,给孩子选择自己行为和做决定的机会。父母如有不同意见,应该心平气和地与孩子讨论。要允许孩子有新想法、新思维、新做法,这样的氛围才能让孩子敢于表达自己真正想要什么。

(5)当已经明确孩子的需求时,你有责任教会孩子区分哪些东西是对目标有帮助的,而哪些是纯属添乱的行为。否则,孩子知道自己想要什么,但是却不能做出正确的努力,这也是白费功夫。

04 引导孩子建立目标

> "现实"是很现实的。将奋斗目标与未来的职业挂钩是一种被默认了的教育行为，而职业目标的确立也会根据职业收入而定。这就印证了人们常说的一句话：经济决定一切。人要生存，就必须要有物质保障，而物质保障一定是通过职业行为获得的。

你若想早点帮助孩子建立一个"职业目标"，不妨将职业目标具体化，这样做，会让职业目标的吸引力和感召力远远大于概念化的"考大学""当博士"等目标，对孩子的激励作用比较大。

我问过很多朋友的孩子"长大想干什么"，多数孩子都回答"不知道"，说明他们这方面受到的教育还很薄弱。我们不少家长对孩子的个性、爱好、智力类型不予以研究，对孩子将来从事什么样的工作最能实现自我、造福社会不怎么关心，这些家长关心的似乎只有一件事：提高孩子的社会地位，多挣钱，多给大人挣面子。难怪很多孩子现在都是在给家长学习，这实在是教育中的一个悲剧。

其实，帮助孩子树立职业理想（注意：是"帮助"，而不是"钦定"）不只对他眼前学习成绩的提高有很大作用，而且还关系到他一生的幸福。一个人如果能从事自己喜欢且擅长的工作，当然会比那些为了谋生不得不从事自己不感兴趣的职业的人活得快乐。职业理想涉及孩子一辈子的生活质量问题，不可不重视。

那怎样帮助确立孩子的职业目标？总的来说，有三个大方向。

1. 仔细听孩子说的每一句话，那里面有他职业理想的种子

我想起多多 6 岁的时候跟我说过的一些话："我长大以后，想帮助这个世界。"我想，这孩子的理想够可以的啊，帮助世界，很好，我不能打击他。后来他还说过，以后想当老师、科学家、摇滚乐手、足球运动员，看了《哈利·波特》，又想做化学家，做那些实验。虽然他的职业理想一直在变，但是他有一个主题一直没变，还是一直都在重复"我长大以后，想帮助这个世界"。

也许孩子的单纯也有好处，这让他的理想可以忽略现实的障碍，直接建立起一个宏伟的目标。其实这个世界挺需要帮助的，孩子这样的目标没什么不对，起码这是一个思想的核心，而那些老师、科学家、摇滚乐手、足球运动员则是具体的职业目标。

基于孩子的这些表达，在日常的生活学习中，你还要加以细心观察，循着那些话，搜寻孩子的职业特质的蛛丝马迹，如果他十分迷恋踢足球，尝试培养一段时间；如果他热爱摇滚，你不妨和他一起感受一下摇滚音乐的热情；如果他希望以后能教书育人，正好，你可以这时就开始提醒他做一个老师的礼仪规范。

2. 主动发问，帮助孩子看清自己的发展潜力

通常一个学前班的孩子还不太明白职业的含义。当我们问到孩子将来要做什么职业时，大部分孩子眼神是迷茫的，说从来没有考虑过。即使有的说要做个科学家，但再追问科学家是做什么的，孩子就什么都不知道了。

作为孩子的父亲，应该从小引导孩子树立人生的目标，让孩子清楚自己来到世界上为什么学习？怎样学习？要成为怎样的人？要成为想成为的人必须经历怎样的过程？遇到困难时，放弃和坚持会有怎样的结果？懒惰的结果是怎样的？

而以上问题必须是通过鲜活的、真实的故事来长期影响孩子，否则简单而直白的口头说教对孩子没有作用。你无需直接告诉孩子怎样做，而是用提问题的方式，问得越具体越好。比如：你喜欢做老师、医生、演员、飞行员、警察还是环卫工，等等，这样做的好处就是不会导致孩子思维混乱，让他们的答案清晰，不会想来想去，却想不出自己想成为什么人。6岁以下的孩子还是形象思维，你问得越具体、越形象，孩子的思维就越清晰。

3. 引导孩子在现实中确定自己的职业志向

有些孩子的理想属于"空想"，光说不练，出现这种情况，家长不要讽刺他，而要想办法借助外力让孩子把理想落实下来。比如我的孩子扬言做科学家，其实他不太符合，但我不生气，也不打击他，我带他去一个真正的科研单位看看，让真正的科学家向他介绍一下科学家需要的素质，科学家怎样生活，让孩子明白，自己想当科学家，怕是希望不大，于是他就会调整对自己的期望值。如果他真的觉得自己行，(有时候家长的判断也会失误的)从此他就会上课认真听讲，回家好好写作业，科学家的形象和话语会成为他实实在在的学习动力，这时候，"上大学"对他来说就不再是"完成父母交给的任务"，而变成了实现个人职业目标的必由之路，那么目标与未来职业就挂上钩了。

05 长远目标的建立

> 每个人要生存得有价值,有成就,必须有一个终身奋斗的目标。这个目标需要从小确立,因为它对孩子的健康成长有导向作用、激励作用和调控作用。没有目标就没有奋斗的方向,就会缺乏动力。

前段时间,有个铁哥们告诉我,他准备把他15岁的孩子送到澳大利亚,泡两年"洋墨水"。

我问:"孩子这么小,他愿意去吗?"哥们一脸无奈:"不去也得去,在国内的话,他这辈子肯定就毁了。"

我大吃一惊,急忙问道:"为什么这样说?"他说:"这孩子从小脾气就倔,特别不听话,上学成绩不好,痴迷游戏机,我不允许他玩,他就瞒着我到网吧玩,还认识了社会上一些不三不四的人,他们经常一起去歌厅、球室,彻夜不归是常事。"

听完朋友的诉说,我心里泛起一阵阵寒意。现在,很多孩子的生活都过于安逸,生活也几乎都由家长安排好了。对于要成为什么样的人,为什么读书,孩子大多是很茫然的。他们看着很叛逆不羁,实际上,这是他们用来掩饰内心彷徨、不安的假象。孩子的这种成长与发展动力不足或者动机缺乏、动力丧失的状态,我认为最主要是没有目标,没有奋斗的方向造成的。

如今大学生不务实的有很多,都想着不费吹灰之力就能获得成功。如果你问他:"你的目标是什么?"大多数人的回答都是:"成为有钱人。"但是成为有钱人之前的具体实践目标是什么？很少人认真思考过。总之，他们就是想通过各种手段，实现"有钱"这个目标。

如果说连一个具体的目标都没有，还谈什么想成功、有钱。

我们现在的教育，更注重的是学业上的成就，忽视了德育、爱国主义的教育，甚至丢弃了勤俭、自立的教育。我想，这也是间接造成孩子发展动力不足或者缺乏目标的原因。

很多人都知道姚明身高226cm，这可不见得一定是好事。姚明小时候，个子就很高了，当然，他的脚也特别大。父母要给他买双鞋，可能要跑遍整条街，有时还买不到一双适合他的鞋，因为他的脚太大了。面对这种情形，只有定做鞋子。姚明听说进NBA能够有定做鞋子的"特权"，于是定了一个人生目标——要进NBA，虽然他最初的想法只是想不必为鞋子而烦恼。

最终，姚明成功了，他走过了一条"路"——一条达到目标的路，他为了达到目标所付出的努力是不容忽视，那又是什么赐予了他动力呢？是目标，是对于目标的渴望。

由此可见，动力确实来源于目标，目标的高低，决定了"路"的长度，也决定了所需动力的大小。新东方教育的创始人俞敏洪也说过，人生的奋斗目标可以不要太大，认准了一件事情，投入兴趣与热情坚持去做，你就会成功。可见一个长远的人生目标，不但能给你动力，还能支持你走到成功的那一刻。

作为家长，尤其作为父亲，培养孩子成"才"的同时，更重要的是要培养孩子成"材"。因此，培养孩子树立远大的目标，并朝向这个目标风雨无阻地奋斗是我们的责任。

一个可以让孩子终身为之奋斗的目标，不能儿戏。否则，实践下来，孩子将痛苦不堪，家长也不快乐。一般，确立一个长远目标需要考虑以下这些因素。

1. 天赋、天资

有人天生就有某种技能的天赋，这是一种潜质；有人天资聪颖，学什么会什么，这些都是需要考虑的主观因素。如上文所提到的姚明，他身高两米多，正具备了打篮球的天赋,且不说他是出于什么目的去定下"进攻NBA"的目标,总之,他根据自己的优势制定目标,最终出人头地。这告诉我们:天赋和天资是不能不考虑的因素。

2. 和未来职业挂钩

很多人的最初的人生目标并不是最后他所从事的工作,这是非常常见的情况,人生漫漫,谁能预见自己的未来呢?可是如果一开始你引导孩子确定自己的人生目标的时候就考虑到他以后的就业,也许他的目标实现的概率就大很多。

3. 以父亲为榜样

很多孩子都有一种崇拜父亲的情结,因而有"子承父业"一说。如果你的孩子并不排斥你的行业,而且他既希望又喜欢当和你一样的人,何不顺水推舟,把他往那个方向培养?

06 短期目标的建立

> 成功并不是远在天边，遥不可及，许多时候，如果给孩子一下子设定太大的目标，那么太长的路途会让他们倦怠，并怀疑自己的能力，从而放弃努力。

钟表店里，有两只旧钟"嘀嗒""嘀嗒"，一分一秒地走着，有一只新组装好的小钟被放在了它们当中。其中一只做母亲的旧钟对小钟说："来吧，孩子，你也该工作了，可是我有点担心，不等你走完3200万次，恐怕就会感觉吃不消了。"

"天哪！3200万次。"小钟吃惊不已，"要我走那么多次？我可办不到，绝对办不到。"

另一只做父亲的旧钟急忙安慰说："孩子，不用害怕，你只要每秒摆一下就可以了。"

"摆一下，这太简单了。"小钟说，"如果是这样，那我就试试吧。"

小钟很轻松地每秒摆一下，不知不觉中，一年过去了，它摆了3200万次。

成功并不是远在天边，遥不可及，许多时候，如果给孩子一下子设定太大的目标，那么太长的路途会让他们倦怠，并怀疑自己的能力，从而放弃努力。其实，我们应该学习旧钟爸爸，运用好教练的第三项技能——区分。"区分"的好处就是能教给孩子分析目标、达到目标的方法。这能让孩子对目标感到更加清晰，从而也就知道应该怎样做。故事中，父亲帮助孩子把大目标分成若干个小目标。孩子一看就觉得容易得很，就不觉得困难了。

将一个大目标分成很多个小目标，就是我们常常提到的短期目标。

成功人士永远都有一个明确的长远目标，为了更好地实现它，他们会把长远目标分解成阶段性的短期目标，然后非常详细地规划自己的行动，把目标做成详细的计划。

被称为"日本寿险销售女神"的柴田和子就是如此。她会设定非常明确的数字目标，比如：今年要超越去年的两倍，这个月要达成多少数额的业绩。有了明确的数字目标之后，她就能进一步划分目标。如果目标是10亿日元，她就可以设下10张1亿日元的契约，或者两张3亿日元和一张4亿日元的推销计划。

有了这个计划和数字，她就会产生工作的激情，不时地告诉自己应该去哪里，要求自己该如何面对客户。因为有了非常具体的数字，她就不会突然失去目标和方向。她会向着目标前进，把自己所有的潜力都挖掘出来。

一般情况下，明确的短期目标能帮助你集中精力。当你不停地朝自己有优势的方向上努力时，这些优势就会进一步显现和发展。最后，在达到目标时，自己成为什么样的人比得到什么东西重要得多。

在现实生活中，父母们总会引导孩子设定一个很大的目标，诸如"考上重点大学""全校第一名"等，这些目标实际上是非常难达到的。

有一个叫小庆的高三学生也有奋斗目标，但是他的目标并不具体、不明确，他只知道高考时考一个比较理想的大学，所谓理想的大学是名牌大学。但是，向着这个目标奋斗他总觉得很艰难，因为省级重点高中里确实是强手如云，凭自己的能力似乎无法达到这个目标，他迷茫了。

我们先不急于作出解析，先来看这么一个实验：让3组人分别沿公路步行前往一个从未去过的村庄。

第1组：实验者不告诉实验对象距离目的地有多远，只要求他们跟着向导走就是。

第2组：实验者只让实验对象知道距离目的地有50公里。

第3组：实验者不仅让实验对象知道距离，还让他们知道路边每隔1公里就有一块里程碑。

实验的结果是：第1组人越走情绪越低落，绝大部分人没有坚持到底；第2组人走到一半后开始叫苦，最后只有很少一部分人到达终点；而第3组人一直充满信心，精神饱满，绝大多数走到了目的地。

这个简单的实验，把目标在成功中的重要性演绎得浅显易懂。在我们人生的漫漫征途中，有没有一个目标，目标是否明确，是至关重要的。

实验中的3组人分别代表了3种不同的人。

第1种人：他们有目标，却不知道实现这个目标需要花多少时间，需要付出多少努力。这样的人，在实现目标的过程中，随着时间的推移和困难的加大，其激情势必难以保持，最终自己放弃了。这就如同前面实验中第1小组的情况。

第2种人：他们知道实现目标要付出的代价，但是，在为实现目标奋斗的过程中，一旦遇到了挫折，他们就看不清自己与所定目标之间的距离了。这时，他们也无法再坚持下去。这就是实验中的第2组人。

第3种人：他们不仅知道实现目标要付出的代价，而且，在不同阶段，他们都能看到自己取得的成绩，看到自己和目标间被缩短了的距离。这样一来，他们就总能及时给自己补充动力，坚持走下去就显得容易多了。这就像实验中的第3组人，他们不仅知道这次行程是50公里，而且，每隔1公里，都会有一块里程碑在告诉他们：你们离目标又近了1公里。

对于小庆来说，他就是试验中的第二种人，知道自己和目标的距离，但是不能预知路上的困境，一旦某次成绩不理想或者排名靠后，他就会不自觉地产生气馁情绪。所以，小庆的父母不要一味地给他强调大目标，而是要根据这个大目标分解出很多小目标——语文考试哪一块是弱项，集中攻克它；英语听力总是提不上去，集中攻克它；化学、物理……哪儿不好就强化哪儿，每次实现一个小目标就好。

很多人确定了目标，却不能坚持奋斗。其中一个重要原因就是目标太远、太空了。在远大目标的指引下，不妨定出一个每天奋斗的目标或每月奋斗的目标，这样把目标具体化、实际化、实在化，就能坚持下去了。

孩子放学回家时嘟着嘴对爸爸说："老师也真是的，一口气让我们完成30道题，我们怎么做得完啊？"

爸爸说："这样吧，你每做完10道题便拿给我看看。"

于是，孩子坐在书桌前认真地做起来。

这位爸爸的聪明之处就在于建议孩子分阶段完成任务，这等于教孩子将单一的目标分解成几个小目标来完成。一口气做30道题对孩子来说超过了心理预期，任务较重；而先做10道题这个小目标却是孩子轻而易举就能完成的。爸爸聪明地帮助孩子从心理上减轻了压力，从而使孩子能认真、执着地学习。

在孩子制定目标时，不妨叫孩子把要求定得低一点，以增强取胜的信心，然后教孩子努力实现每个小目标。短期目标一定要切实可行，这样，孩子才会一步一步从实现短期目标中找到信心，去实现长期目标。

07 目标越具体，孩子越容易实现

> 如果父母想让孩子做好一件事情，一定要根据孩子的年龄特点，提出非常具体的要求和目标。这样，孩子就清楚在不同的场合、不同的时间该做什么了。

一位幼儿园的肖老师为了培养孩子们的好习惯，从开学第一天就告诉小朋友们要懂礼貌，见到老师、同学要使用文明礼貌用语，比如见面要问"您好"，撞到别人要说"对不起"，借用别人的东西要说"谢谢"，分别的时候要说"再见"等。为了激励学生们做到，肖老师使用了定期奖励和评价的办法——谁使用了文明用语就给他一张小卡片，集到10个小卡片就可以到老师那里换一件小礼物。

有一天，肖老师正在上厕所，一个女孩子看见老师，马上对老师说"老师，您好"，老师被弄得涨红了脸。这还不算，女孩子回教室以后，对别的小朋友说她刚刚在厕所里看见肖老师了，还给老师问好。其他女孩子认为这是个获得小卡片的好机会，纷纷跑到厕所去给肖老师问好。顿时，肖老师不知道该怎样么了。

肖老师要培养孩子使用文明用语的目的是正确的，但是在对孩子做要求和指导的时候，讲解得不够具体。她没有讲清楚在不同情形下该怎样使用这些礼貌语言，只告诉孩子讲了礼貌语言会获得小红花，小红花可以换小礼物，结果才出现了这样令人尴尬的场面。

因此，如果父母想让孩子做好一件事情，一定要根据孩子的年龄特点，提出非常具体的要求和目标。这样，孩子就清楚在不同的场合、不同的时间该做什么了。尤其是年龄小的孩子，父母更要形象、直观、具体地提出孩子应该做的事情，换句话说，就是目标越具体，孩子越容易达到。相反，如果父母对孩子没有提出具体的目标要求和具体的操作步骤要求，那么父母提出的要求对孩子来说仅仅是条款、概念，孩子大多会不知道具体该如何去做。

比如，父母要求孩子养成良好的生活习惯，就要给孩子一些具体的规定：饭前便后要洗手；晚上9点要睡觉，早上7点要起床；看电视要离开两米以上；每次上网、看电视的时间不能超过一个小时等。这些目标都是十分明确的，孩子可以照着做，也很容易就能达到目标。

有一个小女孩刚开始上小学，还不能很好地适应，存在贪玩、自觉性较差、晚上不能按时睡觉等问题，时间利用得也不好，她总觉得时间不够用……为此，她的父亲根据孩子做不好的几件事情，设计了一个周考核表。表上共有5项内容，都是每天要做的事情，执行时间是周一到周五。包括：早晨起床的情况、完成家庭作业的情况、练琴的情况、在家的情况、晚上上床睡觉的情况。

每一项都有具体的规定，例如，早晨起床这一项，对她的要求就有：按时起床，不能太晚，也不能太早；起床后穿衣服要快，洗漱及吃早饭也要快；晚上按时上床，上床后不说话，尽快入睡等。按照每天孩子的表现情况打分，每个项目满分为5分，一周满分为125分。一周得100分以上，给一种奖励；112分以上，给两种奖励。奖励的内容包括出去玩、讲故事等。

3周过去后，小女孩实现了晚上按时睡觉、早上不赖床、自控能力增强等目标。

这位父亲对孩子提的目标很清晰，要求很具体，步骤很详细，他用考核表的形式来促进孩子完成目标，最后收到了良好的效果。

08 强化孩子的目标感

> 著名教育家曼恩说:"习惯仿佛一根缆绳,我们每天给它缠上一股新索,要不了多久,它就会变得牢不可破。"这个比喻非常形象、智慧。把习惯比喻为一根绳索,每次行为的重复,就相当于又为它缠上了一股绳索。很显然,每天缠,不断缠,缆绳会越来越粗,终于有一天,会粗到牢不可破。

我们树立一个坚定的目标,这其实和习惯养成的原理是一样的。目标之所以叫目标,是因为达成目标需要有时间作保证,如果你确立的一个目标,三两天就把它给忘记了,而且你的行为根本不是朝着这个目标进发的,那么它就不算是你的目标了,只能算是你曾经的目标。

那我们该如何将目标保持在我们的奋斗之路上呢?必须要进行目标强化。顾名思义,目标强化就是想办法加强你的目标感。举个简单的例子,某人想克服说脏话的毛病,他在家里的每个角落都贴上"禁止说脏话"的纸条,如果他不小心说漏了嘴,他就用皮筋弹自己50下,这样,他的目标感就会越来越强烈,越来越清晰,最后通过逐渐减少说脏话的次数从而达到了目标。

因此,父亲可以利用这样的方法去促使孩子强化自己的目标。

强化孩子的目标感有很强的主观性,这需要孩子自身产生"自我激励"的愿望,才能产生真正促使孩子完成目标的内驱力。这时候,父亲有一个非常重要的任务,就是引导孩子区分实现目标的有效行为。

父亲可以从以下几个方面进行引导。

1. 强化孩子的自我激励意识

自我激励是不依赖外部赏识，让孩子对自己进行肯定、鼓励和表扬。这就要求爸爸对孩子进行潜移默化的激励意识的培养。在对孩子进行表扬时，可以有意识地将主语"我"改成"你"，如"你又有了进步，我为你感到骄傲"可改为"你为今天的进步一定付出了很多的努力，你会为自己感到骄傲的"。久而久之，孩子就会在内心承认自己，并且领悟到努力后获得的成功，就是对自己最好的奖励。

2. 常想象成功时的情景

孩子是非常善于想象的，而且他也很乐意相信自己会达到想象里的成功，这种想象带来的体验可以很大程度激发孩子的斗志，而且可以逐渐增强孩子的目标感。

3. 将目标告诉别人，或写在纸上并张贴于墙上

这和上文克服说脏话的例子是同样的道理。如果孩子的目标是他想考到95分以获得爸爸承诺的一架遥控飞机，那么，你可以鼓励他将这个目标告诉他的同学、朋友，或者写张纸条贴在最醒目的地方，以起到监督的作用。

4. 鼓励孩子多阅读励志类故事

读励志故事是一种非常有效的加强目标感的方法。因为孩子在看故事或者看电视的时候，会不自觉地产生一种移情倾向，比如，在电视里看到超人在飞，他也会在心里幻想自己就是那个超人。如果他看的是成功名人的奋斗事迹，那么他也会不自觉地想做出这样的行为，这就是鼓励孩子多读励志故事的好处。

5. 让孩子对目标产生紧迫感

光有目标没有努力，目标只能成为"空头支票"。自我激励是让孩子确定目标后，产生向目标靠近的动力。孩子的自我约束能力很差，可能刚刚确定目标的时候斗志昂扬，但没过三分钟，热情就不在了。爸爸在教孩子自我激励时，一定要让他有紧迫感。不妨建议孩子每天大声朗读自己的目标计划，在朗读的过程中，无形中加强了他对目标的认知。光有认知还是不行，还要让他知道世上没有不劳而获的事情，付出和回报是成正比的，有多少付出才会有多少回报。如，孩子想组装一个模型，你需要告诉他，成形之前的模型是什么样子的，要经过什么样的努力，才能达到现在的样子。最后，还要对孩子的目标给予合适的时间限制。如果没有时间限制，孩子会觉得这个目标太过遥远，从而放任自己。因此，对孩子的每一个目标都要规定一个固定的时间，并要求孩子在规定的时间之前达到目标。有了时间约束，孩子才会有紧迫感。

6. 多和志同道合的人交流

人与人之间的相互影响产生的效果是最直接的，正所谓："近朱者赤，近墨者黑。"多和志同道合的人交流，能够碰撞出更多的思想火花，还能相互鼓励，这样能强化孩子的目标感。

第 7 章

聪明的父亲这样助力孩子学习

大多数家长一谈到孩子的学习，焦点就是孩子的分数、排名。其实，分数只是学习的一个小方面，它不能作为考核孩子的重要标准，也不能按照分数来评判孩子聪明与否。学习能力才是关键。面对当今日新月异的世界，你若想要在激烈的竞争中脱颖而出，需要不断填充、完善知识。可以说，学习已经成为人们必须坚持做的事情。若想真正获得知识，并将知识转化为帮助你发展的资源，你就要培养持续性的学习力。简单地说，这是一种自我学习的能力。

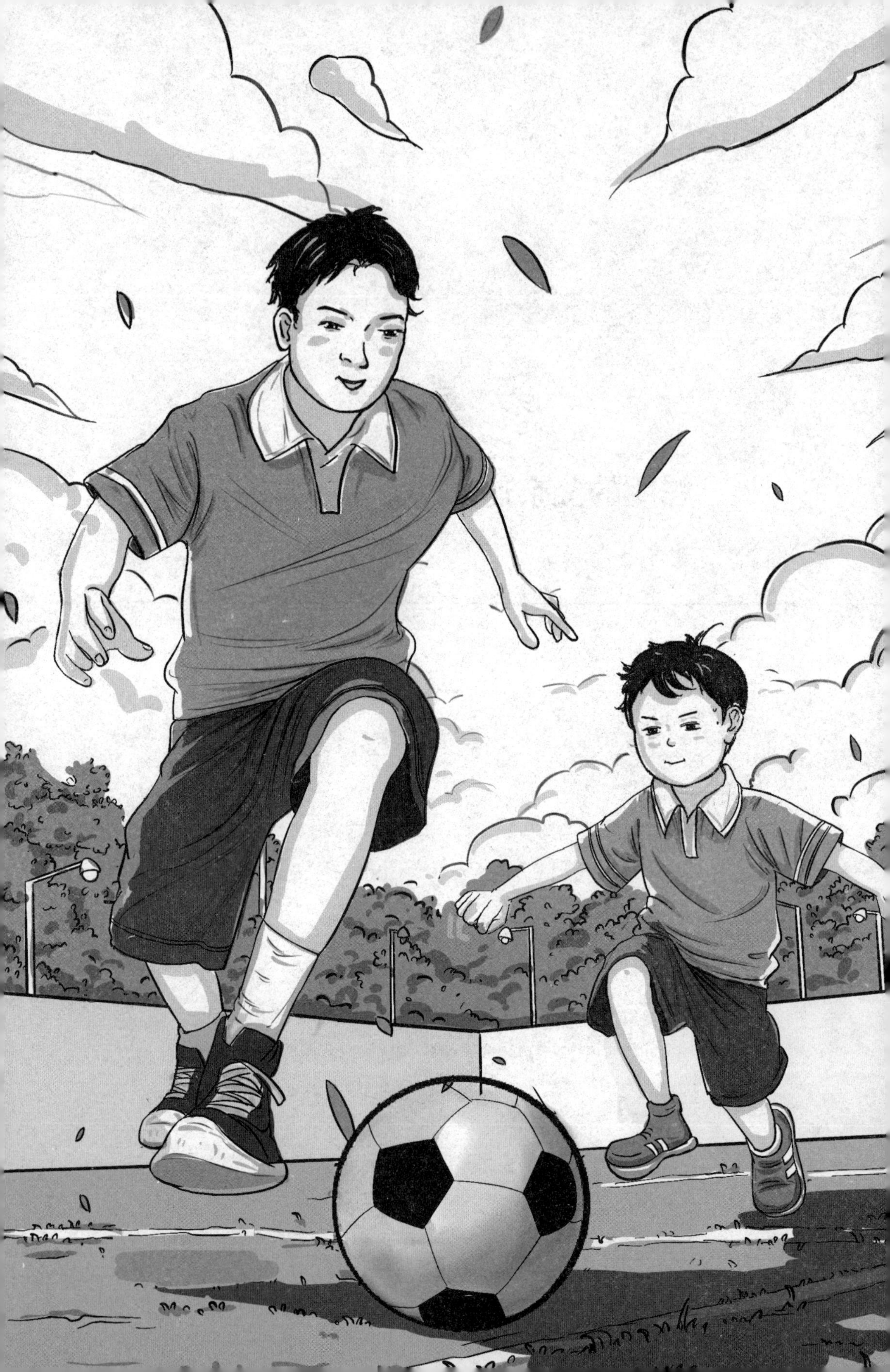

01 学习力才是孩子发展的关键

> 所谓学习力就是学习动力、学习毅力和学习能力三方面的综合能力。简单地说,就是把学到的知识资源转化为知识资本的能力,我们的古语"学以致用"所说的就是这个道理。

一位教授让一名研究生去购买一些实验器材,列好清单后,就交给这位研究生。

学生拿到清单后,第一个反应就是问老师:"这些东西去哪儿买?"

教授说:"医疗商店里有卖。"

"那医疗商店在哪里?"

教授又说:"可能在新街口方向。"

然后,学生就骑着自行车走了,约一个半小时后,他回来了。

教授问他买到没有,他说:"这家医疗商店我找到了。可是没有!"

"难道你不能找第二家吗?"

他很自然地说:"那第二家在哪里呀?"

看完这段对话,估计你要崩溃了,这个学生存在的问题很明显:他根本没有解决问题的意识、动力等。这是缺乏学习力的一个表现。

一个人学到了知识,但他不懂得利用知识去创造新的东西,这说明他还没有拥有学习力,就如上文所提到的研究生。生存在这个社会,没有学习力是一件很可怕的事情。

学习力的本质是竞争力。我们处在当今时代，要避免被淘汰，必须有学习力。我们可以先从大的方向去了解一下学习力的重要性。在20世纪60年代，被《财富》杂志列为世界500强的大公司，堪称全球竞争力最强的企业。然而，到了20世纪80年代，曾经的500强企业有三分之一竟然销声匿迹了。到20世纪末更是所剩无几了。一方面，这反映了新科技革命风起云涌，迅速淘汰了旧的生产模式；另一方面，这也反映出这些大企业的学习力很弱，否则，它们不会因为知识更新跟不上时代步伐而被淘汰。一直以来，我们都认为企业的市场竞争主要是产品的竞争，其实学习力才是企业竞争的最终决定力。因为产品的竞争其实就是技术的竞争，而技术的竞争归根到底是人才的竞争。所以说，对于人的发展，学习力是必不可少的。

学习力的获得不是一朝一夕的事情，我们最好能从小训练孩子的学习力。一个孩子，会背书，会做题，能考高分，这完全不能证明孩子就拥有了学习力。这就是为什么学生中会有"高分低能"的现象出现。孩子没有学习力，会一直栽倒在相同的问题上面。以考试为例，那些做过的、容易的试题对学生来说没问题，一旦碰到一个没有遇过的问题，学生就如同泄气的皮球了，没辙了。当然，这一方面与孩子的资质有关，而另一方面则是与家长、学校的教育有关，后者是主要因素。

我们一直推行的是应试教育，所以不可避免地用分数、成绩排名等去评价一个学生是否优秀。我觉得，几千年以来，我们教育最大的悲哀就是一直摆脱不了考试的束缚，因而一批批的学生都深受分数的折磨。中国千万家庭常出现的一幕情景是，当孩子分数好，父母就眉开眼笑，对孩子表扬称赞一通；若孩子分数差，父母脸上乌云密布，对孩子就是一顿劈头盖脸的批评指责："花那么多钱供你上学，你就拿这样的分数回报我，你要气死我了，看人家谁谁谁，从来都是在学习看书，考试从没低过95分，你呢，放学只知道玩，没出息的孩子……"考不出好成绩的孩子，大多听过类似的批评。

第 7 章　聪明的父亲这样助力孩子学习

这样的孩子真的不聪明吗？其实不是的。成绩不好并不代表他们的脑子就不好使，他们可能只是不愿意循规蹈矩地学习，而是希望通过别的方式来实现自己的目标，这正好体现了他有良好的学习力。

发展孩子的学习力还有一个重要的原因，就是学习力能促使孩子进行持续性的学习。要知道，一个孩子一时的聪明，一时的高分，不代表他永远都能保持这样的水平。历史上著名的方仲永就是最好的反面教材。你看昔日的神童也会变成凡夫俗子，这是因为他的父亲只顾着炫耀他的才华，而忘了培养孩子能够继续发展的能力——学习力。

有一个观点说"人才是有时间性的"，这和用"学习力"促进持续性学习有着异曲同工的道理。你能保证孩子今天是"人才"，却无法保证明天的他依然是一个"人才"。复旦大学原校长杨福家教授曾经说过，今天的大学生从大学毕业刚走出校门的那一天起，他四年来所学的知识已经有 50% 过时了。这表明，当今世界，知识更新的速度和世界变化的速度越来越快了。所以，为了使你的孩子在明天依然是一个货真价实的人才，你就必须培养他的学习力。

由此可以看出，培养一个孩子的学习力是多么迫切。作为一个父亲，你可以不管孩子生活上的琐碎事情，但是你不能不管他的发展前途。这就要求你对子女的重视不应仅仅是学历，更重要的是培养他具有足够强的学习力，这才是他在未来竞争中立于不败之地的资本。

我曾在博客上面看到一个博主的自我介绍："我喜欢阅读，但不是你们眼中的读书人。"我觉得这句话很妙也很棒，我想这个博主想表达的是不能读死书，而这正是一种学习力的表现。试着去思考这句话的含义吧。孩子不能为学而学，教育不能为教而教，授人以鱼，不如授人以渔！

02 对学习产生兴趣，才能乐学

> 媒体经常报道：现在学生课业负担太重，严重影响了孩子的身心健康和学习质量；甚至很多中小学生因用脑过度出现了白头发，有未老先衰的征兆……这样的苦学是不是孩子愿意的呢？

相信没有哪个傻孩子希望天天像苦行僧一样学习，这样，他们不但生理上会遭受痛苦，心理压力也会很沉重。可孩子不学习怎么能立足于未来呢？学是一定要学的，"乐学"概念的提出对孩子来说就像是一场及时雨，能够挽救他们即将枯萎的"学习幼芽"。

如何变"苦学"为"乐学"，已成为现代教育中一个突出的问题。从小学说起，尤其是一二年级，孩子年幼无知，思维能力相对低下，再加上贪玩好动，对读书不可能顷刻间就"如饥似渴"，所以在教育时，家长和老师必须循循善诱，逐步培养兴趣。变"苦学"为"乐学"的关键在于激发学生的学习兴趣。"兴趣"，词典上把它解释为"对事物喜好的情绪"。孩子对学习产生了喜好的感情，就能积极主动地思考问题，对问题的理解变得比较敏锐，记忆力增强，想象丰富，情绪高涨，克服困难的意志力也随之增强。我国古时一些教育家早已看到了兴趣的作用。孔子曾说过"知之者不如好之者，好之者不如乐之者"；朱熹也认为"教人未见意趣，必不乐学"。

多多准备上小学了，学习模式即将有新的改变，我开始有意识地培养他对学习的兴趣。但是我的原则是，"宁愿乐学一分钟，不愿让他苦学十日"。我觉得这也是引发一个孩子学习兴趣的关键所在。让一个孩子处于乐学的状态，不仅仅能培养他乐于学习的态度、习惯，还能最大程度地培养孩子的学习能力。正所谓"好心情是良药，坏情绪是毒药"，心境的力量是不可估量的，历史上有很多成功名人因为保持乐观的心境，汲取到了无穷无尽的学习动力。

要激发孩子对学习的兴趣，达到乐学的状态，教练四项技能中的聆听和发问已经不能满足对孩子的帮助，你应该全面应用教练四项技能，并适当增添一些辅助手段，让孩子不知不觉中被你引导进一个"快乐的课堂"。那么，该如何施展这些手段呢？

1. 创设亲子阅读的时间

低年级孩子的时间观念不强，往往不能合理安排好课余时间。这就需要父母及时督促指引。如在家设立"亲子共读"时间，既能保证阅读时间，又能增进你与孩子的感情。

和孩子一起阅读，要读他喜欢的书和故事。有研究表明，当孩子对学习内容感到有兴趣，原有的情感与生活积累被调动、被唤醒，身心处于最佳状态时，他会更积极主动地投入学习。父亲要做到多倾听孩子读书，多表扬喜爱看书的孩子，多向孩子朗读、推荐好书。

与孩子读书时，讲故事是诱导孩子读书的有效方式。我每周和多多一起读书，读书的内容之一就是我们准备的1-2个故事，我们轮流讲，我讲完他再讲，这样，孩子为了准备故事，必须搜集素材，有时还要从别人那里"取经"，且大多要看一些童话、寓言故事方面的书，这极大地调动了孩子学习的积极性。现在，多多的书架上有许多借来的书，我不是不想给他买，而是希望他去借书时，能趁机学会与人沟通，甚至与人交流书的知识。另外，我还有一个小诀窍，对于有趣的故事，我通常不会把故事讲完，在孩子急于想知道故事结局时，告诉他这个故事就在哪一本书中，引导他自己去寻找、发现。

2. 精心设计一些提问，用问题激发他的好奇心

要懂得怎样设置能激发孩子的好奇心，所提问题不要求孩子能立即解答。

让孩子带着悬念精读故事，待孩子真正读懂课文后，"悬念"不解自明。如在《赤壁之战》的课文中可以设置这样一个悬念：黄盖给曹操写信，取得曹操的信任是他整个作战计划的第一步。那计划的第二步是什么呢？问题的提出可以极大地激发孩子的阅读兴趣。

设计提问，还可以从课文的有趣之处入手。如《小英雄雨来》中写雨来游泳本领高的那一段很有童趣，孩子读到这里常常情不自禁地笑出声来。你不妨从这部分入手设置悬念：作者从哪些方面描写了雨来游泳本领高？为什么要这样突出地描写他的游泳本领？

3. 区分哪些学习方式对目标（学习力）有效，哪些学习方式对目标无用

要培养孩子对学习的兴趣，你需要知道用哪些方式是有效的，哪些方式是无用的。

小学生阶段的孩子对形象的图画、色彩总是比对文字感兴趣，这时，你可以充分利用图书插图，用图画来激发孩子的兴趣。课文中的插图一般都能概括性地表现文章的主要内容，把文字描写的内容形象地表现出来，这对孩子的吸引力较大，培养孩子学习兴趣时可以充分利用。如《景阳冈》教孩子学习打虎这一段内容之前，先引导孩子看图，观察思考：武松站在什么位置上打虎？他为什么不避开老虎的血盆大口骑到虎背上去，而是面对面地和老虎搏斗？让孩子带着这些问题阅读，了解武松力大无穷的特点。这种方式能让孩子的视觉、想象得到极大满足，从而希望继续以这样的学习方式去学习。

唱一唱、做一做、画一画，以玩激趣。课本中一些诗歌已作为歌词被谱了曲，如《长征》《保卫黄河》，这些课文可以以唱代背；《地道战》《鸡毛信》可以配合看电影进行学习；还有《小站》一文对景物的方位描写十分明晰，让孩子根据文章的描述画一画他心目中的"小站"是什么样的，通过涂鸦引发学习兴趣；对于某些疑问比较多的故事，还可以用抢答、猜谜的方式引导孩子预习课文等。以上的这些方式对二三年级以下的孩子都挺管用的，既能激发孩子的兴趣，又能培养他们的思维、记忆等能力。

设计少而精、多功能、趣味性强的作业。严格控制作业数量，尽量减少机械重复地抄写。变换练习的角度，可设计矫正性的练习、补充性的练习、取舍性的练习、条理性的练习、概括性的练习，以适应小学生喜欢多变的特征。作业题思考的容量要大，最好是开放性的题目。

4. 孩子做任何一件事情，父亲的回应都很重要

关于孩子任何一件学习的事情，父亲的回应都是很重要的，因为这是维持孩子的乐学状态的心理因素。父亲对孩子充满爱意的眼神和微笑、热情洋溢的鼓励、赞扬的话语，它们起到了一种"催化剂"的作用，能促使孩子带着一种高涨、激动的情绪进行学习和思考。例如对以往不敢表达自己想法的孩子说一句："真不错，懂得自己思考问题了！"对问题回答得不够完满的孩子说："你说得虽不完全正确，但只要再想一想，你一定能回答得更好。"让孩子们在父亲的肯定中感受到自己智慧的力量，体会成功的喜悦。

5. 创设学习的环境

"近朱者赤，近墨者黑"，阅读也是如此。在一个具有浓厚书香味的环境中，孩子的"学习欲"更容易被激起。父亲学，母亲学，自然他也会不由自主地加入这个学习的行列。因此，我们可以从学习环境入手，如把家庭布置得富有书香气；给孩子一个完整的书架，及时更换其中的图书等。

03 打造孩子的信念力

> 任何事情要获得进展,都不能缺乏激励,随激励而生的是信念力。信念力能够让人持续性地学习,也就是持之以恒的决心。成功通常就是坚持的结果。

自从多多学会打牌后,他就经常拉着我陪他打牌。为了刺激大家打牌的劲头,我和他约定,谁输了就要蹲着,等赢了牌才能坐下。可怜的多多,怎么能打得过我这么老谋深算的牌王呢?当然是他输得多。多多输了都会很主动蹲起来,一刻也不会坐下,我也不因为心疼他而打破规则,我能做的就是不断地激励他调整战略来打赢我,多多也很争气,总是信誓旦旦地说一定赢回来。有一次,他连续输了15局,直到晚上十点半,我都快要困得不行了,多多蹲得也很累,我建议先去睡觉明天再玩,多多坚决否定了,说今晚不赢我坚决不睡。等到第18局的时候,他终于胜了,才美美地睡觉去了。

我从来没有刻意培养他的信念力,可从这件事里,我不止一次感觉到了多多那股执着的劲头。起初我不明白是什么让他这样,后来我发现原来是因为我很喜欢鼓励他、肯定他,我总是在他成功做完一件事时告诉他:"你看,坚持就是胜利嘛!"无意中,他在我的激励中获得了一种令他不断坚持的信念力。

据美国人力资源协会研究统计,一个人如果每天坚持学习专业知识一个小时,只需一年时间,就能够成为专家。假如你是一个摄像师,每天学一个小时的摄像知识,一年后你就会成为摄像专家,三年后会成为摄影行业专家,五年后会成为国家级专家，八年后会成为世界级专家。

在这个成为专家的过程中，学习力和成就相互促进，其中成就就是一种对自己的激励，激励转化为信念力，直至成功时，个体的学习力已形成。

培养孩子持续性学习能力的时候，建立一个健全的激励方案，对孩子的学习和进步给予支持和奖励，可以极大程度加强孩子的学习信念。

有一个故事，更加能说明激励对孩子产生的作用有多重要。

一个父亲第一次参加家长会，幼儿园的老师说："你的儿子有多动症，在板凳上连三分钟都坐不了，你最好带他去医院看一看。"

回家的路上，儿子问他老师都说了些什么。他心情很沉重，全班30位小朋友，儿子的表现最差，老师很不喜欢他，但他却这样告诉儿子："老师表扬你了，说宝宝原来在板凳上坐不了一分钟，现在能坐三分钟了。爸爸也很高兴，因为宝宝有进步了。"

那天晚上，儿子破天荒吃了两碗米饭，并且没让大人喂。

儿子上小学了。家长会结束后，老师对这位父亲说："全班50名同学，这次数学考试，你儿子排第50名，我们怀疑他智力上有些障碍，您最好能带他去医院查一查。"

回去的路上，他难过得心痛。然而，当他回到家里，却对儿子说："老师对你充满信心。他说了，你并不是个笨孩子，只要能再细心一些，一定会超过你的同桌，这次你的同桌排在31名。"

说这话时，他发现儿子黯淡的眼神一下子充满了光芒，沮丧的脸也一下子舒展开来。他甚至发现儿子在那一晚特别听话，连第二天上学时，去得比平时都要早。

孩子上了初中，又一次家长会。老师告诉父亲："按你儿子现在的成绩，考重点高中有点危险。"

他发现了孩子有考重点高中的机会，怀着惊喜的心情走出校门，此时，他

为父之道：影响彼此一生的父子关系

发现儿子在等他。路上，他搂过儿子的肩，心里有一种说不出的开心，他告诉儿子："班主任对你非常满意，他说了，只要你再加一把劲，很有希望考上重点高中。"

高中毕业了。第一批大学录取通知书下达时，学校打电话让他儿子去学校一趟。他有一种预感，儿子被清华录取了，因为在报考时，他给儿子说过，他相信他能考取这所学校。

儿子从学校回来，把一封印有清华大学招生办公室的特快专递交到他的手中后，突然转身跑到自己的房间里大哭起来。儿子边哭边说："爸爸，我知道我不是个聪明的孩子，可是，这个世界上只有你能欣赏我……"这时，这位父亲悲喜交加，再也按捺不住十几年来凝聚在心中的泪水，任它打在手中的信封上。

故事中的父亲也许并不深谙激励之道，可是他一次又一次地"欺骗"，实际上就是一种激励孩子最有效的方式——让他相信自己能"行"。孩子从父亲的称赞中保持了学习的自信，并获得了成功，这说明世界上没有一种东西能比信念力更能让人持久作战。

对孩子进行激励，培养信念力，具体可以这样做：

（1）信任。作为孩子最亲近的人，你的信任在所有力量中是排在最前方的。你信任孩子，孩子获得自信，他做事就能坚持，这是信任激励。

（2）支持孩子学习。一为物质支持，包括提供给孩子学习的一些文具用品、课外读物，还有带孩子外出参观、游玩等；二为精神激励。多说赞扬性话语，而且称赞得越具体越好。如可以说"你的字写得很端正"，而不是"你的字写得真棒"，棒在哪里，要表达清楚，孩子需要知道自己好在哪里，以便可以继续保持这种"好"。

（3）激发孩子的创造性思维。激励孩子提出关于学习、生活的各种新见解和看法，促进孩子对问题的思考，并对孩子的意见及时回应。比如，你可以说:"哦,你写作文需要以春游为题材,那周末我们去郊外春游吧。"尽量想办法解决孩子提出的问题,当孩子的学习问题得到解决,他学习的动力就能保持,积极学习的状态也能得以延续。

(4)鼓励孩子经常学以致用。无论是手工绘画,还是唐诗宋词,亦或科学自然实验,都支持孩子多练习,多进行尝试,允许孩子犯错误,并把错误看成最好的学习机会。这样做不仅能使学习机会增多,而且能够让孩子体验动手的乐趣。

(5)建立学习行为的榜样,营造良好的学习氛围。由于人的需要是多层次的,因而激励也是多方面的。父亲必须时刻注意发现哪些激励对孩子的影响微乎其微,甚至完全不起作用,基于此,不断调整自己的激励实践,想办法尽可能地营造良好的学习氛围。知识共享能给孩子带来自我价值实现的满足感,也能成为孩子一种内在的需要,它能够为持续学习提供原动力。

04 "21天法则"：学习习惯的养成

> 心理学上有个21天法则，我们可以对孩子进行21天的学习习惯培养训练，坚持不懈，就能达到目的。

我有个同事的孩子，读小学六年级，她的品德很好，学习成绩一直名列全校前列。有一次我问她："放学回到家，你都干些什么？"她说："先做完作业，然后把该记的东西，如生字、英语单词记一下，晚饭后，我有时去琴行练钢琴，有时看看电视，读读课外书或者与邻居小朋友玩。"

据同事讲："这孩子让我很省心，在学习上她知道自己应当干什么，时间安排得也很好。这得益于孩子在小学一二年级时，她的父亲坚持培养她良好的学习习惯。"孩子的父亲说他主要做了两件事：一是让孩子学会自己计划时间；二是培养孩子自学的习惯，如主动温习功课、主动进行大量的课外阅读等。

这里提到的学习习惯正好应了著名教育家叶圣陶曾经说过的一句话："什么是教育？简单一句话，就是要养成良好的习惯。"孩子一旦养成好的学习习惯，不但自己学习轻松，父母也会更轻松。

那么，孩子的学习习惯该用什么方法来培养最有效呢？

心理学上有个21天法则，我们可以对孩子进行21天的学习习惯培养训练，坚持不懈，很容易达到目的。

据研究，大脑构筑一条新的神经通道需要21天时间。所以，人的行为暗示，经过21天的重复，会形成习惯。而利用这个方法培养习惯，前三天最为关键。

俗话说，万事开头难。

熬过前三天，你就不会觉得这是种痛苦，一星期后，你就会产生兴趣，21天后你做这些事就成了理所当然。培养一个习惯就像烧开水一样，如果烧烧停停，那么水永远不会开，因为刚热了又凉了，但只要一股劲将它烧到100℃，你就成功了。

运用21天法则训练孩子的学习习惯，过程大致分三个阶段，作为父亲的你要做好监督、辅助、激励的工作。

第一阶段：前三天，这个阶段你必须不时提醒孩子注意改变，并刻意要求自己。孩子年龄小，自觉性差，你稍不留意，孩子从前的坏情绪、坏习惯就会浮出水面，让他又回到从前的状态。所以在前三天中，你不妨密切关注孩子的变化和行为。例如，需要培养孩子睡前阅读20分钟的习惯，第一天，你陪着他开始；第二天在同样的时间里，继续陪同他进行睡前阅读；第三天晚上，照旧。可能这三天里，孩子有一种被强迫的不自然感，或许他还要看一会电视，或许他已经困了，等等，但是你不能动摇，就算是让孩子感到被强迫也雷打不动地进行。一般在训练时，当教练坚定立场时，孩子自然会跟着做。

第二阶段：前一周，经过前三天的刻意要求，孩子已经觉得比较自然、比较舒服了，但你不可大意，一不留神，孩子的懒惰情绪、坏习惯还会再来破坏他的计划。这时，你的角色是监督者。你可以不亲自陪同，但是你要在暗中监督孩子。他在阅读的时候，思想开了小差，东摸摸台灯，西翻翻衣柜，你要不动声色地出现，然后主动把他引导回到阅读上面，陪他一会，直到孩子能坚持这20分钟的睡前阅读。

第三阶段：7—21天，这一阶段是习惯的成熟期。它会使新习惯成为孩子生命的一部分，在这个阶段，你已经不必刻意要求孩子了。如果孩子已经能很自然地开始阅读，而且很熟悉这个过程，它已经像他吃饭、睡觉一样必需而且自然，这说明孩子的习惯已经形成了。任何一个习惯一旦养成，它就是自动化的，一旦孩子某天没有去阅读，反而会感觉很难受，感觉像缺了点什么似的。

在这个过程当中，需要注意培养习惯的一些事项。

1. 必要性

"必要性"是指你要清楚培养这种学习习惯是不是对学习、对目标有帮助，这是一种对有效行为的区分，无用的习惯培养出来不但起不到帮助作用，反而会成为障碍。

2. 可行性

可行性是指你对这个习惯设计得科学不科学？符不符合孩子的年龄特征？孩子有相应的能力没有？这些都是需要考虑的问题。

3. 可操作性

可操作性是指孩子一旦确定要培养这个习惯，你最好在头几天观察一下孩子的进展，同时起到督促作用；另外鼓励孩子最好用记事本把它记录下来，让它每天来监督他、提醒他。

05 引导孩子科学上网

> 大家都知道迷上网络的孩子越来越多，甚至有的已形成网瘾。电脑和网络发展到今天，已经成为我们工作、生活、学习、娱乐中不可或缺的一部分。的确如此，网络上的知识包罗万象，算是一本大而全的教科书，我们是决不能缺了它的。

美国教育部曾发布一些调查数据，在美国的托儿所中，有三分之二的孩子会操作电脑，如果再算上学前班的孩子，幼儿上网的比率达到了80%。这要是在中国，让孩子在这么小的年纪就开始接触电脑，很多家长都难免顾虑重重。那么孩子从多大开始可以上网呢？如果你为了防止孩子染上网瘾，而不让孩子接触电脑，那么他如何掌握丰富的社会信息，如何进行知识补充？这甚至关系到孩子将来的工作。所以让孩子远离网络肯定是不科学的教育观点。

小风是武汉一高校附属小学的学生，12岁的他"天上的知道一半，地下的全知"，在同学中有"智多星"的美称。他的知识大多来自网络，每天，小风都要在网上"冲浪"两三个小时以补充新知识，他也因此成为颇具争议的学生。小风个儿不高，但比同龄人显得成熟，谈吐极富主见。他的父母均是高校教师，父亲从事计算机研究工作。从小风懂事起，他就拿电脑当玩具，他认识的第一个字、读的第一篇文章，都是在网络中接触到的。

上小学后，小风做作业也知道求助电脑，有什么问题不清楚的，上网敲打几下，什么都清楚了。遇到没有现成答案的问题，他就在线提问，等待高手支招。在这一过程中，小凤也会用自己的知识帮他人解答问题，为自己争取积分，谋得身份晋级，这些都让小凤格外着迷。从小学二年级开始，小凤就懂得使用网络进行知识搜索了。

据小凤的父亲说，他和妻子在国外待得比较长，对儿子的教育比中国传统的家长宽松得多。从小凤上小学开始，他和妻子就未接送过一次，更不曾陪读、辅导。大小事都交给孩子自己做主，所以从孩子上网这件事来看，孩子也是拥有了足够的自由的。

但是小凤的老师却不这样看，因为小凤的知识面虽然广，但作业和考试成绩却并不算理想。而且小小年纪的他有点玩世不恭，甚至在班上大肆渲染上网的乐趣，引得不少学生跃跃欲试。最要命的是，小凤的知识显得比较杂，显然是没有经过筛选的，有关大人的话题，小凤知道的也很多，有时说出的话叫人很难堪。

我们不能判定这两种观点孰对孰错，争下去也毫无意义，想出决策，正确引导孩子使用网络才是要紧之事。

多多也喜欢上网，他两岁多时我就带着他接触电脑，那时候还没有平板电脑，孩子操作起来不太方便。他对鼠标特别感兴趣，我就让他随便按鼠标，他"嘀嘀嘀"地按，让电脑变换不同的页面，看到人像或者动物，他就很开心地给我指出来。三四岁时，我给他安装了一个儿童专用的软件，每天他都要打开电脑玩一会，他会自己看书以后，我就教他搜索故事。我在家里很少用电脑聊天、玩游戏什么的，平常会和多多一起玩些智力游戏。

我并没有刻意去规定孩子一天玩多久，按照习惯，他玩半个多小时一点就会自己关电脑，有时候他关电脑，我就会想一些办法转移他的注意力，比如，和他去市场买东西，去游乐场玩或者去花鸟市场看鸟，不过这些事要符合孩子的兴趣，才能成功转移他的注意力。

长期下来，孩子就养成了良好的上网习惯。我鼓励他去看一些很真实的社会新闻（相较于传统媒体上的新闻，网络上的新闻复杂得多），看完后，孩子就会和我分享一些网上看到的新鲜事，当孩子从网上获取的快乐是阳光的、积极的，你就不用担心他会在网络上堕落。

怎么正确培养孩子使用电脑、网络呢？这已经是摆在眼前的一道难题，既然无法避免，我们作为父母的，该花点心思在这个符合时代需求的信息教育上，不能让孩子卡在这个关口。

1. 要随时和孩子保持关于网络的沟通

有些年龄小的孩子，如六七岁以下的，经常上完网后就会有一种诉说的欲望，他想和你分享他在网上的新发现，比如，他偶然学会了一个好玩的小游戏后，他就会喋喋不休地说这个游戏怎么好玩，怎么有趣；他也会说在网上看到有人被车子撞了……如果你一听就觉得这孩子在网上看了乱七八糟的东西，责骂他，甚至威胁他不准上乱七八糟的网页，孩子就会逐渐掩饰自己在网络上干了什么，也不会跟你交流了。你问他，他会说一些假话来蒙骗你，沟通至此遭遇阻塞。实际上，如果你能心平气和地和他交流上网的感受，这样，他在网上做什么你基本可以掌握，没必要担心太多。

2. 陪着孩子一起上网

对于网络，很多家长包括我都认为堵不如疏，因为孩子可以在网络上开阔视野，洞悉天下事，何乐不为？你如果有空，应该少一些自己的娱乐和孩子一起上网，教给孩子辨识网络陷阱、网络骗局的能力。比如，你可以帮助孩子创建不泄露个人信息的网上昵称，告诉他们在上网时不要透露有关他们自己或家庭的信息。这些做法，其实就是在对孩子进行引导，是一种负责的态度。

3. 孩子上网以父母为榜样

实际上，孩子看父母上网，是一种父母对孩子无声的回应，这种回应能够对孩子的行为产生潜移默化的作用。当一些家长为孩子上网聊天、玩游戏成瘾而感到头痛时，反过来孩子会说家长："还说我呢！你们不是也天天在网上打游戏吗？"

我曾经和一个上网成瘾的孩子聊过。我问孩子，他是怎么开始接触网络的？他说是跟爸爸妈妈学的，爸爸晚上回家除了吃饭就是在书房里打"王者荣耀"，妈妈下班后就会在网上斗地主、聊天。

看来，如果父母不做好榜样，孩子也不会养成良好的上网习惯。

4. 不要让网络成为孩子的玩具或伙伴

当家长忙于工作或者应酬时，往往把陪孩子的时间都用掉了。孩子孤独了怎么办？有了电脑，这些父母似乎找到了救命稻草，给孩子买最新的电脑，安装最快的宽带，让电脑代替自己陪伴孩子成长，久而久之，孩子对电脑依赖成性，对网络上瘾，一时一刻都无法离开，这严重偏离了让孩子学习使用电脑的初衷。

06 带孩子去体验街头智慧

> 人类多数的智慧都是在实际生活中总结出来的，这话并非没有道理，事实上，就有很多教授（或者某些高级知识分子）被街头小贩骗的事情发生。

在多多的假期里，我很少让他去参加什么才艺补习班（除了他自己提出要去的）。我会特意抽出许多时间陪他到街上、到野外去体验真正的生活。生活即教育，社会即学校。所谓生活教育，就是不同于学校的教育，是深入到社会各方面的教育，它能让一个人拥有社会情感生活和社会生存技能。

美国管理学家尼葛洛庞帝，在他的儿子14岁生日的时候，为孩子们安排了一天的波士顿探险活动。

孩子们被分成小队，只准随身携带固定数目的钱和一张不受限制的地铁车票，然后展开一场寻宝比赛。尼葛洛庞帝花了几个星期的时间，来做活动安排：跟饭店的接待员打招呼，把线索藏在公园的长椅下，有些地点则必须靠解开电话号码的谜题才能找到。每个小队拿到不同的线索，然后前往波士顿的不同地方，沿路只要完成任务就可得分。

结果怎么样呢？你也许能够猜到：街头顽童和"聪明"的学生之间，具有很大的差别。在寻宝比赛中，有一个环节是必须解开一个填字游戏，才有办法找到其中的线索。"聪明"的学生会冲进图书馆找资料，或打电话向他们聪明的朋友请教。街头顽童则在地铁里到处询问路人，这样做往往能更快找到答案，而且他们一面询问，一面从 A 点到 B 点，节约了时间，也在比赛中拿到了较多的分数。

按理说，商学院可以大批出产"聪明"的学生，现在父母们培养出来的"聪明"孩子也不少，但是他们有些人离成功还是差很远的，因为他们不懂得学以致用，更缺乏一些街头智慧。

很多人舍得花几万元，几十万元去读 MBA，却不愿在实践中一步步磨炼自己的"街头智慧"。很多人在公司的某个领域建立起自己的事业，如在销售领域、财务领域或生产领域有所成就，但他们却不了解全盘生意所蕴含的基本原理。这些人其实都不是真正的商业人士。它所导致的结果是，许多商学院学生 MBA 在生意上的精明程度还不如街头小贩，这都是缺乏生活教育的结果。

其实，街头智慧除了能让孩子体会到不同的生活气息之外，还特别能磨炼孩子的领导能力、人际交往能力，以及在现代社会中取得成功所需要的其他各种技能。学生不仅要有书本智慧，还应具备街头智慧，即不仅擅长读书考试，还应掌握在各种实际环境中生存的能力和本领。街头智慧是课堂里学不到的，只能在实际生活的经历中逐步积累。

的确如此，孩子所有的时间都拿来学习课本上的知识的话，物极必反，会让他们厌学，逃避学习，成绩也不会高到哪里去；如果让孩子在假期里参加社会中的各种活动，他们能够增长见识，增强实践能力，从而练就在社会中生存的本领。

我认为孩子应该利用暑期学习其他的东西，一方面可以获取其他的本领，一方面还能避免沉迷网络。

所以，我建议家长在暑假多带孩子游览一些如博物馆、公园，参加各种室内、室外活动，如游泳、远足、球类运动、夏令营等。另外，鼓励孩子大胆探索各种事物，因为不尝试，可能永远都不知道。

"生活与生活摩擦才能起到教育的作用"，这句话与"行是知之始，知是行之成"具有相同的意义。让生活中的行动来教育孩子，让生活中的实践来升华孩子的人格与能力。只有通过生活中的实践，才能让孩子的心理素质、生理素质和社会文化素质全面发展起来。

07 培养孩子的艺术素养

> 良好的艺术修养是孩子个人素质的重要体现，是孩子受用一生的财富，然而艺术修养不是孩子天生的，它需要在艺术欣赏和才艺学习中逐渐培养和锻炼起来。接触各种艺术形式，参加丰富的艺术活动是提高艺术修养的重要手段。

一项权威研究显示，爱因斯坦、达·芬奇、居里夫人这些世纪伟人有一个共同之处：他们都有着超发达的右脑。人的右脑的存储量是左脑的1万倍，人脑在6岁以前完成90%的发育，因此6岁以前是开发右脑的黄金时期，孩子的右脑潜能会在成长的过程中逐渐丧失，若不抓住这个机会，过了这村就没那个店了。

人类在幼儿期，右脑开发主要依靠艺术素养的培养，六七岁以后，抽象逻辑思维逐渐发展，以分析、理解、逻辑思维为主的技术脑——左脑开始发展。架设左右脑的桥梁，需要构件精良、发育稳定的神经元网络，这个网络一旦建成，对其脑力的发挥将打下坚实的基础。但如果一开始就只架设了一个低级桥梁，那么今后想要再升级成高级桥梁，将会变得非常困难。

艺术活动特别能体现人作为一个主体的能动性，还能体现我们的思想。另外，不论是美术活动还是音乐活动，对孩子来讲都比其他的活动更开放、更宽容。比如学数学，规定性是很强的，加减乘除只要错了，答案就是错的。但是音乐对孩子来讲，创造、使用、变化的空间非常大。美术，特别是绘画，对孩子来讲更自由。

有一次暑假,我把多多送到他的姑妈家。回来后,感觉孩子整个人气质都变了,之前有点小结巴,回来以后很少出现这样的问题,说话也不再急匆匆的了。我百思不得其解,就打电话询问了多多的姑妈。

原来是因为多多的姑妈一家都是艺术家,姑父是画家,姑妈是音乐老师,就连12岁的表姐也弹了一手好钢琴。多多到姑妈家以后,听到他们说话都是慢声慢语的,所以他也受到了影响。姑妈每天都要练嗓子,也带着孩子们一起练;姑父喜欢到野外写生,也经常带着孩子们到野外去感受多彩的大自然,有时候还去看戏剧表演和音乐会、画展等。

我相信,多多是受到了姑姑和姑父家的艺术熏陶才有所改变的。

培养艺术素养——开发右脑是必要的,但值得父母注意的是,进行艺术教育,并非意味着一定要孩子先去学习艺术理论和技能,也绝非急功近利地或想当然地认为选择一些经典曲目、早教音乐即可奏效的。家长要想抓住机会开发孩子的右脑,可在日常生活中有意识地对孩子进行训练,对孩子的右脑实施一些特殊的教育。

1. 学音乐

心理学家发现:音乐可以开发右脑。日本零岁教育会七田真先生认为:加强幼儿的音乐教育,对于高级脑桥的构建意义巨大。幼儿的音乐教育有两项重要功能:一是气质的养成,二是智慧的提升。经常聆听优美的音乐,音乐中丰富而柔美的旋律及节奏感,便会自然地融入于右脑中,使这个人在日常的说话、用词、作文、写字、行动举止中,甚至表情都会自然地流露出优美的节奏旋律感。或许并不一定每位学音乐的孩子将来都能成为贝多芬或是莫扎特,但是一个从小就喜欢音乐、在音乐环境长大的孩子,长大后必然热爱生活!

2. 培养绘画感觉能力

人的右脑具有绘画感觉能力。让孩子练习绘画，能培养其观察能力，让孩子尽情欣赏绘画作品、自然风景，陶醉其中。带孩子参观花展、盆景展，直观整体地欣赏作品。涂鸦也是一种综合训练，包括了对孩子的视觉感受、动手能力、听觉描述、语言理解等能力的训练，这对孩子右脑的刺激也是多方面的。

3. 干力所能及的家务

大脑的开发有时候要借助于肢体的活动，让孩子做力所能及的家务，一来能训练生活能力，二来能开发脑部潜能。你可以有意把房间弄乱，然后同孩子一起清理房间。开始时孩子可能会做不好，分不清垃圾的种类、不知道怎样用抹布擦桌子等，家长要耐心地指导，教几遍后孩子就会做好。

4. 体育运动

右脑在运动中对形象的感知及细胞的激发比静止状态更快更强。可以每天跳半小时的健身操或打半小时乒乓球、羽毛球等，在运动时有意识地让左手多重复几个动作，以刺激右脑。

5. 童话故事

给孩子讲童话故事是右脑形象思维能力开发的最佳方法。童话富于幻想，听童话故事，孩子会不由自主地随着情节的发展想象故事中的人物、场面和情景，这对右脑的图形思维能力有很好的促进作用。睡前给孩子讲讲故事，这时右脑呈现最佳状态，开发孩子想象力的效果比白天紧张时要好得多。

6. 手指训练

用左手剪东西、抓玩具、玩石子、玩豆豆等，可以锻炼孩子的神经反射，促进大脑的发育；闭上眼扣扣子，练习写字绘画，可以增强手指的柔韧性；摆弄智力玩具、拍球投篮、学打算盘、做手指操等活动，可以锻炼手指的灵活性；玩积木、橡皮泥有利于动手能力的培养；经常让孩子交替使用左右手，可以更好地开发大脑左右两半球的智力。

7. 益智玩具

益智玩具是开发右脑的好工具,其主要以拼插、组装等形式为主。电脑游戏机也是锻炼孩子右脑的好工具,要为孩子选择一个以图形为主的游戏,如想象游戏、猜图游戏等。买新玩具后,父母没有必要按说明书告诉孩子应该怎么玩,可以放手让他们去摸索。

8. 学外语

语言也是一门艺术,不管是什么语言。研究发现,孩子学会两三种语言跟学会一种语言一样容易,因为当孩子只学会一种语言时,仅需使用大脑左半球,如果同时学习几种语言,就会"启用"大脑右半球。

9. 观看体育比赛

观看体育比赛能够锻炼孩子的右脑,提高他的形象思维能力。每一次惊险的镜头,都会给右脑带来一连串的富有魅力的想象,启发孩子根据场上的变化不断推想可能出现的情况。